www.smart-travelling.net

BERLIN

1 BERLIN

2 FOOD

3 LIFESTYLE

4 WELLBEING

5 COMMUNITY

BERLIN BEWUSST ERLEBEN

Berlin – eine Stadt, die vor Innovationen, kreativen Köpfen und allerlei Lebenswelten und Lebensweisen nur so sprüht. Conscious Berlin widmet sich der Bewegung des bewussten ganzheitlichen Lifestyles. Eine Bewegung, die Bewusstsein und Lifestyle zusammenführt und neben Healthy Food, Urban Wellness, Yoga und Meditation die spirituelle Ebene hervorhebt und von einer neuen Perspektive betrachtet. Das Elixier des Conscious Living – Bewusstsein, Energie, Lebensfreude, Gesundheit – motiviert auf altertümliche Art und Weise wieder mit den Monden und der Natur im Einklang zu leben, in einer guten Balance aus „doing" und „being".

Es ist längst nicht mehr nur eine Trendbewegung, vielmehr steckt dahinter ein grundlegender gesellschaftlicher Wandel. Urban farming, farm-to-fork und Zero-Miles-Production sind aus den europäischen Metropolen nicht mehr wegzudenken und bringen eine wachsende Sehnsucht nach Qualitätsprodukten und transparenten Herstellungsprozessen. Nachhaltige Nahrungsmittel, Naturkosmetik, die den Zauber von „Green Glamour" versprüht, sind die neuen Statussymbole.

Dieses Buch stellt Berliner Locations, Macher, Produkte, Innovationen und Events vor, die diese Art des ganzheitlichen und bewussten Lebens umsetzen – kontrovers, stilvoll und mit viel Herzblut und Fokus auf Qualität. Orte, die mit ihrem positiven Spirit beflügeln und inspirieren, die Freiheit, Neues auszuprobieren und das zu machen, was man liebt.

Entdecken Sie besondere Orte, wo Gesundheit und Genuss zusammenkommen, sei es mit kaltgepressten Säften, veganen Kuchen, Superfood Icecreams oder kompromisslos lokaler Küche aus dem Berliner Umland. Ein verpackungsloser

Supermarkt, der mit Zero Waste den Nerv und vor allem eines der größten Umweltprobleme unserer Zeit trifft: Plastik!
Wir stellen unsere Lieblings-Coffee-Shops vor, wo Kaffee Genussmittel ist und Nachhaltigkeit und Qualität in Bezug auf Anbau, Ernte und Röstung eine wichtige Rolle spielen.
Entdecken Sie mit uns Berliner Beauty-Labels, die sich der Green-Beauty-Mission verschrieben haben und dafür sorgen, dass Kosmetik noch ein Stückchen natürlicher wird, Produkte wie Wasserfilter, die sexy sind und die Berliner wieder für Wasser begeistern, handgefertigte Fair-Trade-Mode mit Geschichte und hochwertige Möbel aus heimischen Hölzern.
Eine feine Auswahl an Yoga-Studios lässt verschiedene Stile ausprobieren. Erfahren Sie, warum Kundalini Yoga als Ferrari des Yoga bezeichnet wird. Erleben Sie transformierende Energiearbeit, moderne Hexen und herzöffnende Cacao-Zeremonien!
Wir zeigen Ihnen Community Spaces und Festivals, die sowohl Wege des Eskapismus sind, zur Ruhe kommen lassen und als Energietankstellen agieren, aber auch Plattformen des Austausches sowie der Inspiration sind.

Alles in allem ein Guide, der in den Dimensionen Food, Lifestyle, Wellbeing und Community zeigt, wie sexy es sein kann, Berlin bewusst zu erleben! Wir laden Sie ein auf eine Entdeckungsreise, die Spaß macht und uns zusammen mit anderen an magische und unbeschreibliche Orte und in Kontakt mit außergewöhnlichen Menschen bringt.

Viel Spaß beim Lesen und Erleben!

Ihre Nancy Bachmann & Nicola Bramigk

DER HIMMEL

Wenn ich hier in NYC erwähne, dass ich aus Berlin komme, fragt man mich nach Berghain und Drogen – nicht nach den besten kaltgepressten Säften und Meditationszentren.

Wim Wenders begann an Engel zu glauben, nachdem er den Film „Der Himmel über Berlin" gedreht hat. Auch wenn das einer meiner Lieblingsfilme ist und ich sicher einen sehr besonderen Bezug zu Spiritualität in Berlin habe, braucht man fast einen geschützten Rahmen um darüber zu sprechen. Spiritualität, Glaube, Bewusstsein sind alles Dinge, die auf Englisch besser klingen. Wie bei dem alten Tocotronic-Song „Über Sex kann man nur auf Englisch singen" – gilt gleiches für Gespräche über Consciousness, sonst landet man mental schnell in der Esoterik-Abteilung bei Dussmann. Oder hat sich inzwischen so viel verändert, dass es Zeit ist für ein spirituelles Coming Out in und für Berlin?

Um David Bowie zu zitieren: „Religion ist für diejenigen, die vor der Hölle Angst haben, und Spiritualität für diejenigen, die dort waren" – deshalb gibt es ein breites Spannungsfeld zwischen Bewusstsein und Verrücktsein.

Yoga, Meditation, Astrologie, veganes Essen – das sind alles Themen, die nicht mehr tabu sind; aber was ist mit Engeln, Hellsehern, Kristallen, Energien, Affirmationen, Gebeten, Vision Boards, Ayahuasca-Zeremonien? Wie weit darf man sich aus dem Bewusstseins-Fenster lehnen?

Meine Zeit in Berlin führte mich zu Heilern, intuitiven Therapeuten, Homöopathen, NLP, Akupunktur, Chinesischer Medizin, Wahrsagern, Hypnose, Familienaufstellungen, zu Schweige-Vipassana-Meditation. Alles erlebte ich alleine und heimlich, nur um eines Tages festzustellen, dass sehr viele Berliner genau diese Suche praktizieren:

Über dem Himmel von Berlin, oder eben auf einer Liege auf dem Dach im Soho House kramte ich heimlich ein Buch über Engel hervor. Das verräterische Umschlagpapier habe ich schon entsorgt, jetzt musste man ganz genau hinschauen, um den Titel „Lass uns über Engel sprechen" zu erkennen. In der anderen Hand hatte ich einen Saft von LA Cold Press – es war der dritte Tag von meinem Juice Cleanse. Plötzlich

ÜBER BERLIN

wagte es die Frau nebenan, mich zu fragen, was ich lese und warum ich einen grünen Saft trinke. Am nächsten Tag waren wir beide zusammen am Engelsbecken und meditierten. Nach und nach verwandelte sich mein Berlin und eine Community entstand, der es nicht darum ging zu feiern und zu vergessen, sondern nach innen zu schauen und sich zu erinnern. Es gab einen Hunger und Durst nach echtem Leben, das kein Fest stillen konnte.

Mal fand ich Federn (oder andere Symbole) auf der Straße, dann wiederum schaute ich immer um 11:11 (eine spirituelle Zahlenfolge) auf die Uhr, abends spielte ich I Ching (ein altes chinesisches Orakel) und von Kristallen spürte ich eine besondere Energie. Wenn diese Magie in mein Leben trat und sich die Zufälle oder die Jung'schen Synchronizitäten häuften, wusste ich, dass ich auf einem richtigen Pfad war. Diese Faszination vom Bewusstsein ging sogar soweit, dass ich über Spiritualität promovieren wollte. Mein Professor war von dem Thema begeistert – aber nur wenn ich kritisierte, was für ein Millionengeschäft das ist, das darauf basiert, verzweifelte Menschen auszunehmen. Ich verschwieg meine spirituelle Absicht, das Positive darin suchen zu wollen, denn keine wissenschaftliche Doktorarbeit könnte Conciousness beschreiben. Manche Dinge muss man eben erleben.

Jetzt haben wir „CONSCIOUS LIVING BERLIN" – eine viel bessere Idee, denn Bewusstsein sollte man nicht allzu ernst nehmen, sondern wie eine Entdeckungsreise, die Spaß macht und uns zusammen mit anderen an magische und unbeschreibliche Orte bringt.

Katharina Kowalewski ist Schauspielerin, Autorin und Filmemacherin. Sie studierte an der Sorbonne in Paris und FU Berlin. Ihr erstes Buch „Prime-Time für die Wissenschaft" erschien im VS Research Verlag. Sie lebt in Los Angeles, ist Editorin des Swarovski Magazins und in internationalen Kino- und TV-Produktionen zu sehen.
www.katharinakowalewski.com

CONSCIOUS …

FOOD

STORE

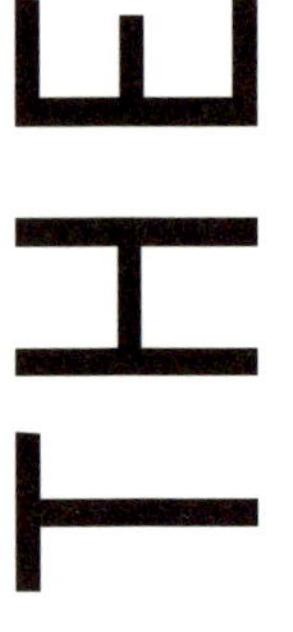

Designerklamotten, cold pressed Juices, Beautyartikel, Blumen, eine Salatbar, gemütliche Sofas und Clubmusik – The Store ist eine wilde Mischung aus exklusiven Dingen, die die Londoner Designerin Alex Eagle mag und aus der ganzen Welt zusammengetragen hat. Das Resultat ist ein einladender, kreativer Space im Souterrain des Soho House, in dem man shoppen, essen, arbeiten und faulenzen kann und den man eigentlich gar nicht mehr verlassen möchte. Sogar an einer Nail-Bar für Beauty-Junkies und einem Barber-Shop für den gepflegten, urbanen Mann fehlt es im The Store nicht. Und das Beste – anders als im Soho House darf hier jedermann staunen und shoppen, auch Nicht-Members sind herzlichst willkommen, im Wohnzimmer der Fashionistas und der Kreativen herumzustöbern, und können Soho House Feeling genießen. Eine kleine Welt für sich und allemal mehr als nur ein gewöhnlicher Concept Store.

THE STORE

Torstraße 1
10119 Berlin Mitte
Tel: 030 405044550
www.thestores.com/berlin
Montag – Samstag 10.00 – 19.00 Uhr
Kitchen: Montag – Freitag 10.00 – 19.00 Uhr
Sonntag 11.00 – 15.00 Uhr

STANDART
MEXICO
WINE WITH FOOD
THE WORLD ATLAS OF
COFFEE
ONE
GOOD
DISH

The Store / Manager

INTERVIEW MIT CELIA SOLF

Torstraße 1

Café und Mode, wie passt das zusammen?

Am Anfang ist es zugegebenermaßen ungewohnt, aber ich finde es toll. Ich meine, Colette hat ein Café unten und The Department Store Quartier 206 hat auch ein kleines Café, aber wir wollten es wirklich räumlich nicht trennen.

Wenn du nur in einen Retailshop gehst heutzutage, wirst du angeschaut, fühlst dich vielleicht unter Druck gesetzt etwas zu kaufen.

Hier im Store ist die Atmosphäre ungezwungener. Die Leute kommen zum Lunch, auf einen Kaffee, zum Arbeiten, Shoppen oder einfach um auf dem Sofa zu sitzen und durch die Bücher hier zu blättern. Wir wollten, dass es sich loftartig, wie ein Zuhause anfühlt.

Berlin hatte so etwas bis jetzt noch nicht. Es gibt in Berlin wenige Orte, an denen man sich tagsüber auch länger aufhält. Was gibt es denn? Das Café an der Ecke, wo man mit seinem Cappuccino und seinem Laptop für sechs Stunden sitzt?

Warum habt Ihr Euch entschieden, den Flagshipstore in Berlin zu eröffnen?

Wir haben uns für Berlin entschieden, weil wir den Space hatten. Es gab diesen Raum und der wurde nicht genutzt. Was crazy ist! Das war der Grund!

Es sind durchaus weitere Projekte geplant. Es gibt noch einen kleinen Store im Soho House Farmhouse außerhalb von London. In der Lexington Street in London wird es auch einen Store geben, der wird aber erst mal mit Zeitschriften, Büchern und einem Café ausgestattet sein, Retail folgt später.

Wie ist die Synergie mit dem Soho House?

Die ist super, wir profitieren beide voneinander. Ich habe Leute, die kommen zu mir und sagen „Ich gehe wieder ins Soho House, seitdem der Store da ist, weil es dadurch wieder so eine coole Energie bekommen hat.“ Und andersrum profitieren wir natürlich von den Hotelgästen.

Unsere Kunden sind zu 90% Hotelgäste, das bringt einen tollen internationalen Flow hier rein. Manchmal machen wir auch abends auf, wenn ein VIP im Haus ist.

Was bringt die Zukunft?

Unten haben wir noch das Studio, das ein Broadcast Studio werden soll. Wir haben hin und her überlegt. Zuerst sollte es ein Club werden, dann aber doch nicht. Jetzt wird es ein richtiges Broadcast Studio, wo man aber auch Veranstaltungen hosten kann. Außerdem planen wir ein Fotostudio. Wir sind in dauernder Veränderung. Das ist gut, es passiert was.

„Wir wollten, dass es sich loftartig, wie ein Zuhause anfühlt."

COLD PRESS

Los Angeles Cold Press bringt eine Prise kalifornisches Lebensgefühl nach Berlin. Doch hinter den kaltgepressten Säften verbirgt sich viel mehr als nur Juices – es ist eine ganze Lebenseinstellung, die LA Cold Press vermittelt und bei der Yoga, Superfood, Cleanse-Programme und Workshops über den Healthy Lifestyle nicht mehr wegzudenken sind. Die Geburtsstunde dieser Philosophie hat in Los Angeles geschlagen, wo sich die beiden Schwestern Cindy und Nancy Bachmann in den Healthy Lifestyle verliebt haben. Nach Pop-Up-Stores und zahlreichen Events folgte endlich der eigene Laden und man könnte ihn als moderne Apotheke bezeichnen: Für jedes Körpergefühl und für jeden seelischen Zustand zaubert Cindy etwas Passendes. So ersetzt ein Juice mit 1,5 Kilo Obst und Gemüse nicht nur eine ganze Mahlzeit, die Säfte bringen vor allem ein wunderbares Wohlbefinden und ungeahnte Energie hervor, inklusive besonderem Spirit, der sich bereits beim ersten Schluck bemerkbar macht. Das liegt wahrscheinlich an den Mantren, die Cindy beim Juicen, wie sie das Zubereiten nennt, immer singt. Der Kühlschrank, der die farbenfrohen und täglich frisch gepressten Juices aufbewahrt, ist einfach eine wahre Schatztruhe, die nur so vor Gesundheitselixier sprüht und eine Hommage an das spirituelle, kalifornische Lebensgefühl ist!

LA COLD PRESS

Friedrichstraße 71, im Quartier 206
10117 Berlin Mitte
Tel: 0176 60982301
www.lacoldpress.com
Montag – Freitag 9.00 – 19.30 Uhr
Samstag 10.00 – 18.00 Uhr

los angeles cold press

LA Cold Press / Co-Founder

INTERVIEW MIT CINDY BACHMANN

Friedrichstraße 71

Wie habt Ihr den LA Lifestyle nach Berlin gebracht?

Das war alles ganz verrückt. Ich habe 2012 zu Weihnachten meine Schwester in Los Angeles besucht, auf dem Weg nach Panama, wo ich eigentlich Kaffee ernten wollte. Damals habe ich noch als Barista gearbeitet. Aus zehn Tagen LA-stop-over sind dann sechs Monate geworden. Ich war völlig absorbiert vom ‚Healthy California Lifestyle' – wir haben jeden Tag Kundalini Yoga gemacht und uns durch alle Juice Bars getrunken, das hat mich transformiert. Zurück in Berlin, war da eine große Lücke, ich konnte nicht mehr in mein altes Leben zurück und nicht ohne mein tägliches „Juice-Fix" leben, und ich wollte vor allem das Erlebte teilen.

Wir haben einfach gestartet, wir hatten keine Ahnung von den Prozessen und was das wirklich bedeutet, die Mission war größer als wir selbst.

Was hat Euch an den Juice Bars in LA so sehr inspiriert?

Dass es nicht nur um Juices geht, sondern es vielmehr ein Lifestyle ist. Die Community hat uns inspiriert und das Bewusstsein gesund zu leben und sich gut zu fühlen. Wie selbstverständlich und sexy es ist, sich auf einen Juice statt auf einen Kaffee zu treffen.

Die erste Cold Pressed Juice Bar – Beverly Juice – wurde 1975 ins Leben gerufen, warum hat es so lange gedauert, bis der Trend bei uns angekommen ist?

David Otto von Beverly Juice war definitiv ein Pionier, lange bevor die Cold-Pressed-Juice-Welle in den USA wirklich losging. Das war erst 2012/2013, wo auf einmal Cold Pressed Juices zum „It-Getränk" wurden und Juice Bars wie Pilze aus dem Boden schossen, allein in LA gab es über 40. Wir hatten das Glück, dass wir zu der Zeit in LA und somit hautnah dabei waren.

Was für eine Rolle spielen Cold Pressed Juices in einem bewussten Lebensstil?

Ich kann ohne Cold Pressed Juices nicht mehr leben. Wenn ich morgens einen Green Juice trinke, habe ich meinen Bedarf an Greens gedeckt, das sind 1,5 Kilo Gemüse in einer Flasche. Wenn du einmal damit angefangen hast, werden sie zum täglichen Begleiter, weil du dich einfach klar und voller Energie fühlst. Sogar mein Hund Carrot liebt kaltgepresste Säfte.

Was macht Eure Juices so besonders? Was hebt Euch von anderen Juice Bars ab?

Das persönlich Erlebte und der 'Californian spirit', das steckt auch in unseren Rezepten. Ein Kunde aus Los Angeles, hat mal auf Instagram geschrieben: „I had to come all the way from L.A. to find Los Angeles Cold Press in Berlin. "

> „Wir haben einfach gestartet, wir hatten keine Ahnung von den Prozessen, die Mission war größer als wir selbst."

Wir haben einen sehr hohen Qualitätsanspruch an unsere Zutaten, sind 100% organic und der Geschmack und die Wirkung sind mir bei der Kreation der Rezepte sehr wichtig.
Wir verstehen uns nicht als reine Juice Bar, die Juices sind wie das Herzstück, uns geht es mehr um das ganzheitliche Lebensgefühl. Wir bieten auch verschiedene Superfoods an und ausgesuchte Beauty-Produkte, wie ayurvedische Dosha-Sprays oder Palo-Santo-Sticks, ein heiliges Holz, das Energien und Räume klärt.

Woher kommen Eure Inspirationen für Juice-Rezepturen?
Unser Anfangsmenü war eine Art Hommage an Kalifornien. Dann habe ich auch viel mit regionalen Produkten und saisonalen Obst- und Gemüsesorten experimentiert oder es kam ein Sonderwunsch von einem Kunden, der es dann auf die Karte geschafft hat. Und ich bin mindestens drei bis vier Mal im Jahr in LA und hole mir neue Inspiration.

Was sind kommende Trends in der Juice-Szene? Was beobachtest Du in LA, was möglicherweise auch noch nach Berlin kommen wird?
Juice Upgrades: Die Juice-Rezepte werden mit Superfoods sowie ayurvedischen Kräutern und Chinesischen Pilzen wie Reishi, Ashwagandha oder Schisandra „upgegraded", um sie noch wirkungsvoller zu machen. In den USA werden aus Juice Brands mittlerweile ganze Wellness-Unternehmen. Es geht nicht mehr so dogmatisch nur um Juices, es gibt mittlerweile Cleanse-Programme mit Cold Pressed Juices und Rinderbrühe.

Was gehört neben Juices für Dich noch zu einem wichtigen Bestandteil des Conscious Living?
Eine tägliche Yoga- und Meditationspraxis, Beauty- und Wellness-Rituale, mit den Monden und der Natur im Einklang zu leben und eine gesunde Balance aus doing und being.

Welcher Juice, welche Zutaten bewirken für Dich ein wahres Wunder?
Der Just Greens aus Kohl, Spinat, Gurke, Sellerie und Petersilie, der sofort ins Blut geht, alkalisierend und reinigend wirkt und gute Laune macht. Oder die Divine Chocolate Milk aus rohem Cacao, Maca, Mandeln, Cashews, Datteln und Meersalz für den unmittelbaren Energie-Kick und ein Gefühl von Bliss.

Sun Potion®
Transformational Foods
RAW CACAO BLEND
ANANDAMIDE
- Bliss Alchemy -

DALUMA

Seitdem das Daluma im Herbst 2014 seine Pforten öffnete, steht das hippe und gesundheitsbewusste Berlin-Mitte Schlange, um sich in der Mittagspause einen rohen, veganen Lunch zu gönnen oder sich morgens mit einem kaltgepressten Juice zu stärken.
Für jedes Bedürfnis ist etwas dabei. Wer sich beispielsweise „schöntrinken" und seine Batterien aufladen möchte, der sollte nach dem Matcha-Drink greifen. Wer seinen Stoffwechsel auf Trab bringen und sich mit Antioxidantien gegen die Belastungen des Alltags schützen will, für den empfiehlt sich der Supergreen Juice mit Wirsing und Rauke. Die Hauptgerichte sind nicht weniger gesund und lassen sich individuell zusammenstellen. Man wählt eine Hauptgericht-Basis, z.B. Quinoa, und kombiniert diese mit einem Topping, beispielsweise Granatapfel-Tahina. Das klingt alles sehr fortgeschritten, doch das Daluma ist auch etwas für die, die keine Veganer, Superfood-Junkies oder Juice-Lover sind. Auf jedem Produkt sind die Zutaten und ihre positiven Eigenschaften ausgezeichnet. Dass diese biologisch und nachhaltig produziert sind, versteht sich von selbst. Zu guter Letzt bleibt nur noch zu erwähnen, dass es im Daluma nicht nur extrem gesund zugeht, sondern auch wahnsinnig lecker.

DALUMA

Weinbergsweg 3
10119 Berlin Mitte
Tel: 030 20950255
www.daluma.de
Montag – Freitag 8.00 – 20.30 Uhr
Samstag 10.00 – 19.00 Uhr
Sonntag 10.00 – 18.00 Uhr

„Auf jedem Produkt sind die Zutaten und ihre positiven Eigenschaften ausgezeichnet.“

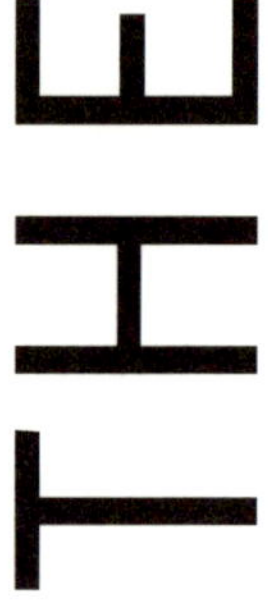

JUICERY

Seydi führt seine Kunden in den 7.Juice-Himmel! Jeder Liebhaber von pasteurisierten, kaltgepressten Säften, Smoothies und Superfood wird merken, dass sich The Juicery von den gewöhnlichen Juice Bars abhebt. Und so ist es auch. Allein das Anstehen beflügelt dank dem positiven Vibe, ganz abgesehen von Seydis ausbalancierten Rezepturen, die schon im Hinblick auf ihre Basis eine gesunde Perfektion in sich sind – wo gibt es schon energetisiertes Wasser als Grundlage eines Juices? Bei Seydi! Das kulinarische Auge wird natürlich auch nicht vernachlässigt, ohne ein Minzblatt oder eine frisch gepflückte Blaubeere verlässt hier kein Drink die Theke. Seydis Juice Bar ist längst die Lieblingsanlaufstelle der Prenzlauer-Berg-Bewohner und eine Wundermanufaktur in Bezug auf den healthy Lifestyle weit über die Grenzen der Eberswalder Straße hinaus. Es ist eben nicht zu übersehen, dass von der Karotte im Gemüsekorb, über das sympathische Team, bis hin zu den praktischen To-go-Flaschen wahres Herzblut hinter der Juicery steckt – ganz nach Seydis Philosophie: „Mit dem Herzen machen und dem Verstand vereinen". Übrigens, der Liebling der Stammgäste: King of Greens mit viel grünem Gemüse, Petersilie, Zitrone, Ingwer und Apfel!

THE JUICERY

Eberswalder Straße 2
10437 Berlin Prenzlauer Berg
Tel: 0176 64966149
Montag – Freitag 8.00 – 18.00 Uhr
Samstag – Sonntag 9.00 – 19.00 Uhr

INTERVIEW MIT SEYDI

Seydi Dogmus

Founder

Was hat Dich dazu gebracht The Juicery ins Leben zu rufen?

Dahinter steckt eigentlich ein ganz persönlicher Prozess und The Juicery hat sich nach und nach entwickelt. Ich hatte mich vermehrt mit gesunden Ernährungsweisen beschäftigt und angefangen Smoothies selber zu machen. Dann wurde zufällig dieser Laden frei und meine Intuition hat einfach „ja" gesagt, obwohl mein Kopf gar nicht so fest entschlossen war. Naja und dann wollte ich das auch durchziehen. Vor allem hat es mich aber motiviert, dass ich beide Seiten erlebt habe, sowohl die Seite der ungesunden Ernährung – hier ein Döner, dort ein Döner – als auch die gesunde Seite, mit der man sich vital und fit fühlt!

Was ist die Philosophie hinter The Juicery?

Wenn ich morgens um 3 Uhr aufwache und in

den Großmarkt fahre, freue ich mich und bin dankbar, dass ich meinem Herzen gefolgt bin und nicht zu sehr das Risiko gesehen habe. Von Anfang an habe ich mir gesagt, entweder kann ich mit dem Laden etwas gewinnen oder ich kann dazulernen, doch die Option zu verlieren gab es nicht. Diese Denkweise möchte ich auch gerne meinen Kunden weitergeben: Du musst etwas machen, was Du liebst. Dann bist Du auch erfolgreich!

Hast Du einen Wunsch oder fehlt Dir etwas?
Wenn die gute Fee käme und sagen würde, Seydi, Du hast einen Wunsch frei (lacht), dann wäre mein einziger Wunsch eine andere Location mit mehr Sonne und einer schönen Terrasse, wo die Gäste etwas verweilen können. Doch ohne die gute Fee ist das gar nicht so einfach. Die Säfte sollen aus den besten Zutaten bestehen und immer frisch sein – das ist das oberste Credo. Da muss der Sonnenplatz eben leider noch etwas warten, bis er sich rechnet.

Wie kreierst Du Deine Rezepturen?
Ich versuche etwas zu kreieren, was ich selber gut finde. Im ersten Schritt schaue ich dabei auf den Geschmack und erst im zweiten inwieweit sich das Rezept rechnet. In meinen Augen darf nicht nur rational gedacht werden. Das Wichtigste für mich ist, dass die Säfte gesund und lecker sind. Zusätze wie roher Kakao oder Goji-Beeren zählen auch zu unseren Zutaten, aber nicht weil sie gerade im Trend sind, sondern weil sie eine nachhaltige Wirkung zeigen.

Wie siehst Du das Conscious-Lifestyle-Movement?
Ich finde es toll, dass sich auf einmal so viele Menschen für die bewusste Lebensweise interessieren und sich darauf umstellen. Es kommen vermehrt Kunden, die sich für meine Zutaten interessieren und etwas über die Wirkung von Superfoods wissen möchten.

„Du musst etwas machen, was Du liebst!"

LIQUID GARDEN

Knallrote Stühle, ein rustikaler Holztresen, ein paar Pflänzchen und schwarze Wände, auf denen die Juices und ihre Zutaten gelistet sind. Die Juice Bar Liquid Garden im Prenzlauer Berg ist klein, aber gemütlich und besitzt ein umso größeres Angebot an kaltgepressten, grünen Säften. Damit diese auch maximal gesund sind, bestehen sie zu mindestens 50% aus Blattgrün, wie zum Beispiel Spinat, Grünkohl oder Mangold. Die anderen 50% sind Geschmacksbomben, wie zum Beispiel Ananas oder Bananen, und Superfood, wie Weizengras oder Spirulina. Sämtliche Zutaten sind Bio und möglichst auch saisonal, was sich in der Auswahl der Juices widerspiegelt. Im Winter geht es etwas erdiger zu und Knollenfrüchte und Nüsse prägen das Aroma. Im Sommer bringen Beeren und Wildkräuter Leichtigkeit in die Flasche.

Wer in den kalten Jahreszeiten etwas Wärmendes braucht, der sollte die hausgemachten Suppen probieren, die man entweder vor Ort löffeln oder sich für Zuhause kaufen kann. Ansonsten bietet das Liquid Garden vegane Köstlichkeiten, wie Salted Caramel Blondies oder Chia-Chocolate-Bowls.

Konsequenterweise verkauft das Liquid Bowl alle seine Produkte in kompostierbaren Behältern oder Pfandflaschen.

LIQUID GARDEN

Stargarder Straße 72
10437 Berlin Prenzlauer Berg
Tel: 0176 80003378
www.liquidgarden.berlin
Montag – Freitag 8.00 – 18.00 Uhr
Samstag 10.00 – 18.00 Uhr
Sonntag 12.00 – 18.00 Uhr

„Damit die Säfte auch maximal gesund sind, bestehen sie zu mindestens 50% aus Blattgrün."

TAUSEND SUEND

Tausendsuends Kreationen sind wie Geschenke, die fast zu schön zum Auspacken sind. Hinter den Meisterwerken steckt Pastry Artist Laura-Ximena Villanueva Guerra. Sie kreiert aus den ungewöhnlichsten und qualitativ hochwertigsten Zutaten rohvegane und vegane Backwaren. Anstelle von Zuckergarnituren und Marzipan zählen bei ihr nur natürliche Dekorationen mit traumhaften Blumenbouquets. Laura ist nicht nur vierfache Mutter und Haus-Konditorin im The Store im Soho House, sie backt auch für Hochzeiten, Geburtstage, Street-Food-Märkte und was eben gerade so ansteht. Lauras köstliche Kreationen, ihr Verständnis für besondere Qualität und ihr Blick fürs Detail sind einfach einmalig.

TAUSENDSUEND

Torstraße 1
10119 Berlin Mitte
Tel: 0151 43203376
www.tausendsuend.com
Montag – Samstag 10.00 – 19.00 Uhr

INTERVIEW MIT LAURA

Laura-Ximena Villanueva Guerra

Founder

Was liebst Du an Deinem Beruf am meisten?
Ich liebe die Freiheit alles ausprobieren zu können. Viele fragen sich bei meinen Rezepten – wie kann das schmecken, wie passen Brownies und Salzflakes zusammen, wie kann man Shortbread in schwarzen Pfeffer einwickeln? Meine Grundeinstellung ist, dass grundsätzlich alles geht und es zählt auf jeden Fall zu meinen Leidenschaften, ungewöhnliche Zutaten miteinander zu kombinieren.

Woher kommen die Ideen für Deine verrückten Kuchenvariationen wie die rohvegane Schokoladen-Avocado-Ganache mit Chili?
Das passiert meistens sehr spontan, ich besuche schöne Märkte wie den Kollwitzplatz, lasse mich dort inspirieren und treffe mich immer vorab mit den Menschen, für die ich die Torte backe, um zu erfahren, was sie gerne mögen und

was ihnen schmeckt. Danach sprudeln dann die Ideen so heraus (lacht).

Mal ganz ehrlich, können vegane Torten überhaupt schmecken?

Ich muss absolut gestehen, vegane Ersatzprodukte sind alles andere als das, was man sich für einen Kuchen wünscht. Doch ich brauche für meine Rezepte keine Ersatzprodukte, sie funktionieren auch so. Mein Anspruch ist es, vegane Torten zu entwerfen, die sowohl gut sind, im Sinne von gesund, die aber trotzdem dieses Verlangen nach etwas Süßem stillen. Viele können es sich nicht vorstellen, aber veganes Backen kann genauso großartig sein wie Backwaren mit Eiern und Milch.

Die perfekte Symbiose aus Blumen und Kuchen machen Deine Torten zu wahren Kunstwerken, wie kam es dazu?

Schon als Teenager habe ich in einem Blumenladen gearbeitet und diese Liebe hat einfach nie aufgehört. Als ich dann die erste Hochzeitstorte gebacken habe, kam mir die Idee diese beiden Leidenschaften miteinander zu verbinden und seitdem landen fast ausschließlich ungespritzte Blumen aus Marzahn auf den Kuchen. Ähnlich wie Obst und Gemüse unterscheiden sich die Blumen auch von Jahreszeit zu Jahreszeit und sorgen so immer für neue Inspirationen.

Abgesehen von den Blumen, was machen Deine Torten zu dem, was sie sind?

Zum einen die qualitativ hochwertigen Zutaten – keine meiner Torten hat etwas mit Gelatine, künstlichen Farbstoffen oder Tortenguss am Hut. Das sieht nicht nur doof aus, es schmeckt auch einfach nicht, zum anderen verwende ich eigentlich immer ein bisschen Salz beim Backen.

„Ich liebe die Freiheit, alles ausprobieren zu können“

NOBELHART & SCHMUTZIG

Was steckt hinter der Berliner Küche? Das, was auf die Teller von Nobelhart & Schmutzig kommt, denn die Devise lautet „brutal lokal“. Kompromisslos und konsequent orientieren sich die Zutaten des 10-Gänge-Menüs nach der Saison sowie nach dem, was rundum Berlin wächst und gedeiht. In diesem Restaurant dreht es sich um das Einfache, das alles andere als simpel ist. Nicht einmal Pfeffer oder Olivenöl kommen bei Küchenchef Micha Schäfer zum Einsatz. Doch die Philosophie, die der Prophet der deutschen Weinszene, Billy Wagner, ins Leben gerufen hat, ist einzigartig. Wagner steht nicht nur für radikale Regionalität, er ist ein Sommelier ohne Frack und hat es geschafft, den Restaurantbesuch neu zu inszenieren. Hinter dem mit Retro-Gardinen zugezogenen Schaufenster werden die Gäste höchstpersönlich begrüßt, zuvor muss allerdings die Klingel betätigt werden. Gespeist wird von handgemachtem Keramikgeschirr und gekocht wird nach traditionellen Methoden – so lokal wie möglich, so exotisch wie nötig. Doch die Überraschungen bleiben trotzdem nicht aus: Wo werden schon sanft gegarte Spargelstangen mit hausgemachter Mayonnaise ohne Gabel und Messer serviert? Stattdessen gibt es einen Waschlappen und gegessen wird mit den Fingern! So nah wie hier, ist man wohl noch nie dem authentischen Geschmack gewesen.

NOBELHART & SCHMUTZIG

Friedrichstraße 218
10969 Berlin Kreuzberg
Tel: 030 25940610
www.nobelhartundschmutzig.com
Dienstag – Samstag ab 18.30 Uhr

„Kompromisslos orientieren sich die Zutaten nach der Saison.“

THE KLUB KITCHEN

In der fast schon kleinstädtisch anmutenden Mulackstraße haben Ha Duong und Maja ein healthy Mekka für Luncheonette-Liebhaber geschaffen: The Klub Kitchen. Man könnte meinen, man sei in ein Yoga-Health-Food-Hotel im Alpenvorland versetzt worden. Oder auch einfach in eine Oase mitten im urbanen Gewusel von Mitte. Hinter dem Tresen warten hübsche junge Menschen, der cleane Einrichtungsstil in Mauve, Weiß und Grau ist simpel, aber man kann sich trotzdem nicht satt daran sehen und die englische Speisekarte bietet nichts, was sich nicht gut und healthy anhört. Ob der Klassiker Avocado auf Roggenbrot, Lachs mit Edamame, Gurke und Ingwer-Kräuter-Sauce oder Glasnudeln aus Süßkartoffeln mit Tofu, Möhren, Spinat und Sesam – das Deli verlockt mit zeitgemäßer Bodenständigkeit und dem gewissen Twist und bietet eines der aufregendsten Menüs der Stadt. Die Auswahl der Zutaten für die Crossover-Küche treffen Ha Duong und Maja höchstpersönlich. Ihre Adleraugen akzeptieren dabei nur saisonale Produkte von regionalen Lieferanten. Das Ergebnis: ein Healthy Lunch-Spot, wie aus dem Bilderbuch. Wer nachmittags vorbeischaut, kann sich auf selbst gebackene Kuchen und Chia-Apfel-Minz-Säfte freuen.

THE KLUB KITCHEN

Mulackstraße 15
10119 Berlin Mitte
Tel: 030 23455877
www.theklubkitchen.com
Montag – Samstag 10.00 – 19.00 Uhr

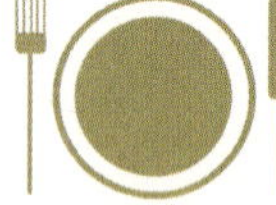

„Ein healthy Mekka für Lunch-Liebhaber!“

MY GOODNESS

Es gibt viele Gründe ein Business hochzuziehen, doch keiner ist so schön wie der Wunsch, anderen Menschen etwas Gutes zu tun. Aus dieser Motivation heraus startete Isabelle Reuss My Goodness. Es begann mit Lunch-Boxen für Unternehmen, doch schnell war die Nachfrage nach Isabelles gesunden Köstlichkeiten so groß, dass sie sich dafür entschied ein Café in Mitte zu eröffnen. Das Café befindet sich in den Räumen des Fitnessstudios Becycle und ist bereits an sich mit dem großen Fenster, der gold-weiß karierten Theke und der antiken Wanne, aus der Pflanzen sprießen, ein Wohlfühlort. Noch wohliger wird es jedoch, wenn man Isabelles Küchenkünste probiert, sei es in Form von Chia-Beeren-Bowls, Smoothies oder einem der wechselnden Lunch-Gerichte. Alles ist mit viel Liebe und Verstand zubereitet und folgt Isabelles Philosophie, sich nicht auf das Negative im Essen zu konzentrieren, wie z.B. Kalorien, sondern die positiven Dinge herauszuarbeiten, wie gesunde Fette. Statt sich durch Diäten einzuschränken, sollte man auf seinen Körper hören und ihm das geben, was ihm guttut. Wer sich nicht sicher ist, was sein Körper verlangt, der kann bei den von Isabelle organisierten My Goodness Talks mehr darüber erfahren.

MY GOODNESS

Brunnenstraße 24
10119 Berlin Mitte
Tel: 030 28035833
www.mygoodnessberlin.com
Montag – Freitag 7.30 – 20.00 Uhr
Samstag 9.00 – 14.00 Uhr
Sonntag 11.00 – 16.00 Uhr

„Statt sich durch Diäten einzuschränken, sollte man dem Körper das geben, was ihm guttut.“

DIE KRAFT DES URSTROM-TALS

Säbelzahntiger mit Bio-Rothirsch, Pistazie und Cayenne, Mandrill mit Limette, Mandel und Feige oder lieber den Honigbär mit Waldhonig, Macadamia und Orangen? Die handgefertigten Energieriegel von Die Kraft des Urstromtals werden in einem Neuköllner Hinterhof mit der Küchenmaschine gerührt, von Hand in Form gepresst und in kompostierbare Verpackungen gewickelt. Mit herkömmlichen Müsliriegeln haben sie allerdings nur die Form gemeinsam, das zeigt vor allem die Zutatenliste. Kein Gluten, keine Konservierungsstoffe und keine Geschmacksverstärker, dafür reine Nüsse, Beeren, Gewürze und Biofleisch vom Brandenburger Rothirsch. Ob vegetarisch, vegan oder die Paleo-Variante, alle Riegel basieren auf Zutaten, mit denen unsere Vorfahren auch überlebt haben. So sind die Riegel der perfekte Snack für Zwischendurch, egal ob beim Sport oder am Schreibtisch. Dahinter steckt das Herzblut von Janine und Ivan, die an die Kraft von ursprünglichen, unverfälschten Aromen glauben und auf der Suche nach einem Snack waren, der in ihre Ernährungsphilosophie passte.

DIE KRAFT DES URSTROMTALS

Zellestraße 2 a
10247 Berlin Friedrichshain
Tel: 030 40577589
www.kraft-des-urstromtals.de
Montag – Samstag 10.00 – 18.00 Uhr

PALEORIEGEL
DIE KRAFT
ANREGEND
VEGAN
PALEORIEGEL

INTERVIEW MIT JANINE & IVAN

Janine König
Ivan Perez
Founders

Wie ist die Idee zu Euren Riegeln geboren?

Ivan: Ehrlich gesagt ist sie aus einem ganz eigenen Bedürfnis heraus entstanden. Wenn wir nach einer taffen Woche in die Natur gegangen sind um Sport zu machen, waren wir immer wieder auf der Suche nach qualitativ hochwertigen Energieriegeln. Irgendwann haben wir dann angefangen, uns mit unserer Ernährung zu beschäftigen und selbst Hand angelegt, um unseren Hunger zu stillen.

Janine: Dazu kam auch noch, dass unsere bisherigen beruflichen Tätigkeiten uns nicht mehr wirklich erfüllt haben. Wir haben tagein, tagaus gelebt, Ivan in der Agenturbranche, ich in der Medienbranche. Letztendlich haben wir beide gemerkt, dass unsere wahre Leidenschaft in der Weiterentwicklung der Riegel steckt. 2014 kamen wir dann auf den Markt!

Wofür steht eigentlich der Name Die Kraft des Urstromtals?

Ivan: Darüber rätseln viele und es ist immer wieder ein guter Aufhänger, um mit jemandem ins Gespräch zu kommen (lacht). Die Antwort ist aber relativ simpel. Die Kraft des Urstromtals steht für das während der letzten Eiszeit von Gletschern gegrabene Flussbett, an dem Berlin gegründet wurde. Damit wollen wir eine Verlinkung zur ursprünglichen Nahrung schaffen, die in den Riegeln die Zutat ausmacht. Unsere Zielgruppe sind schließlich die modernen „Jäger und Sammler", also quasi die Steinzeit-Menschen von heute: ernährungsbewusste, aktive Menschen.

Was hat es mit Eurer Verpackung auf sich?

Janine: Wir wollten ein Gesamtkonzept schaffen. Es geht schließlich nicht, dass unsere Riegel aus besten Bio-Zutaten bestehen, jedoch in Plastikverpackungen gehüllt sind, die wieder in den Meeren landen und die Umwelt verschmutzen.
Ivan: Unser Ziel war es, dementsprechend bei der Produktentwicklung die gesamte Wertschöpfungskette auszunutzen. Wir haben uns für eine komplett kompostierbare Verpackungsfolie entschieden, die nach 12 Wochen auf dem Komposthaufen wieder zu Erde wird.

Was sind die kommenden Pläne für Die Kraft des Urstromtals?

Ivan: Zurzeit arbeiten wir intensiv an der Entwicklung von neuen Riegeln, da haben wir zum einen weitere Fleischriegel mit Auerochse und Wasserbüffel im Auge. Sowohl Auerochse als auch Wasserbüffel haben viele in Deutschland gar nicht auf dem Schirm. Dabei stammen diese Tiere aus sensationellen Tierhaltungen, was unser oberstes Credo ist. Ansonsten planen wir auch noch eine weitere vegane Riegelvariante mit herzhaftem Geschmack.

„Wir wollten ein Gesamtkonzept schaffen. Es geht schließlich nicht, dass unsere Riegel aus besten Bio-Zutaten bestehen, jedoch in Plastikverpackungen gehüllt sind ..."

SUPERFOOD

TRIBECA

Darauf hat doch die ganze Food-Szene gewartet: Superfood-Eis! Die Brüder Klaus und Frank Zinsmeister mischen mit ihren gesunden Eiskreationen den Berliner Eismarkt auf. Während seiner Zeit als Investmentbanker in New York hat Klaus seine große Leidenschaft für gesunde und hochwertige Lebensmittel entdeckt. Zur Freude von allen Foodies hat er seinen damaligen Job an den Nagel gehängt und in seiner Küche in Manhattan angefangen mit veganer Ice Cream herumzuexperimentieren. Die außergewöhnlichen Sorten heißen Raw Chocolate Chili, Matcha Moringa, Salty Maca Caramel oder Coconut Yoghurt und lassen schon darauf schließen, dass hinter Tribeca mehr als nur gewöhnliches Eis wartet. Neben Superfood-Zutaten wie Kakaobohne, Maca und Lucuma beinhaltet das Eis auch Antioxidantien, Vitamine und verzichtet auf alle tierischen Produkte sowie Soja. Eben ganz nach dem Motto „As healthy as it gets!“. Gekrönt wird das Ganze übrigens mit Toppings wie Kakao-Nibs, Quinoa-Pops, Hanfsamen oder frischen Beeren.
Aktuell gibt es die heiligen Eisbecher in ausgewählten Feinkostadressen wie dem Candy on Bone oder Goldhahn & Sampson. Ab Frühling 2017 dann aber auch endlich im eigenen Store in Berlin-Mitte/Prenzlauer-Berg!

TRIBECA SUPERFOOD ICECREAM

www.tribecasuperfood.com

TRIBECA
SUPERFOOD
ICE CREAM
RAW · VEGAN · ORGANIC · HANDMADE

BOWL

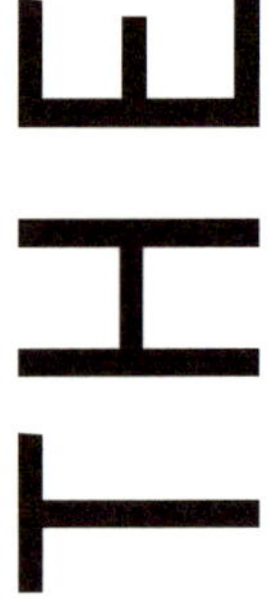

Hinter The Bowl steckt eines der aktuell fortschrittlichsten Restaurantkonzepte Deutschlands. Zwar sind auf der Speisekarte fast ausschließlich Bowls zu finden, doch diese Schüsseln haben es in sich. Ob Buddha Bowl, Falafel Bowl oder Raw Salad Bowl – die rohköstlichen und gekochten Speisen sind der Inbegriff von gesundem und reinem Essensgenuss. Dahinter steckt die Philosophie des Clean Eatings, der sich Jennifer und Christoph von The Bowl verschrieben haben. Die beiden wollen nicht missionieren, sondern ein Bewusstsein schaffen und beibringen, zu genießen. Und zwar mit traditionellen Lebensmitteln von Bauern aus dem Umland und modernen Spezialitäten wie beispielsweise die uns allen bekannten Chia-Samen. Das bedeutet: keine künstlichen Zusatzstoffe, weder raffinierter Zucker noch Transfette, stattdessen back to basic, back to nature! Dieses Credo zieht sich sogar durch die Getränkekarte, ob Coco Brew (Cold Brew Coffee mit Kokoswasser), hausgemachter Kombucha oder einer der Smoothies mit brandenburgischen Wildkräutern. Ein inspirierendes Konzept, dass den High Vibe Lifestyle – den Einklang von Körper, Geist und Natur – mit Bravour unter die Berliner bringt. Unser Favorit unter den Bowls ist übrigens die Mini Makro Bowl mit Kimchi, Miso-Bohnen-Hummus, Turmeric Kichererbsen, Tamari, Tempeh & Mixed Greens.

THE BOWL
Warschauer Straße 33
10243 Berlin Friedrichshain
www.thebowl-berlin.com
Montag – Donnerstag 11.30 – 23.00 Uhr
Freitag 11.30 – 24.00 Uhr
Samstag 10.00 – 24.00 Uhr
Sonntag 10.00 – 23.00 Uhr

„Der Inbegriff von gesundem und reinem Essensgenuss.“

ORIGINAL UNVERPACKT

Zero-Waste in Berlin! Wenn es um nachhaltiges Einkaufen geht, kommt man in Berlin um Original Unverpackt nicht herum. Milena Glimbovski und Sara Wolf haben es sich zur Mission gemacht, den Bergen von Plastiktüten und Styroporschalen den Kampf anzusagen. Mit Hilfe von Crowdfunding sammelten die beiden Powerfrauen 100.000 Euro in Rekordzeit und realisierten somit ihr ehrenvolles und originelles Ziel: ein verpackungsloser Supermarkt. Zu kaufen gibt es alles für den alltäglichen Bedarf, ganz gleich ob Olivenöl, Gewürze, Nudeln, Gemüse, Whisky und Liköre, die man in Fläschchen abfüllt, lose Schokolade, Bambuszahnbürsten oder Toilettenpapier aus Bambus. Mittlerweile zählt das Warensortiment ganze 600 Produkte, davon sind etwa 80 Prozent zudem Bio-Produkte. Die Kunden bekommen in der Wiener Straße also vieles, müssen für die Verpackung aber selbst sorgen oder alternativ vor Ort Baumwollbeutel oder Schraubgläser erwerben.
Original Unverpackt ist alles andere als ein klassischer Supermarkt und wirkt mit 70 Quadratmetern eher wie ein Tante-Emma-Laden, doch er trifft wie fast kaum ein anderer Lebensmittelladen den Nerv und vor allem eines der größten Umweltprobleme unserer Zeit: Plastik!

ORIGINAL UNVERPACKT

Wiener Straße 16
10999 Berlin Friedrichshain-Kreuzberg
www.original-unverpackt.de
Montag – Samstag 10.00 – 19.30 Uhr

„Ein verpackungsloser Supermarkt für Zero Waste.“

BRO.MA

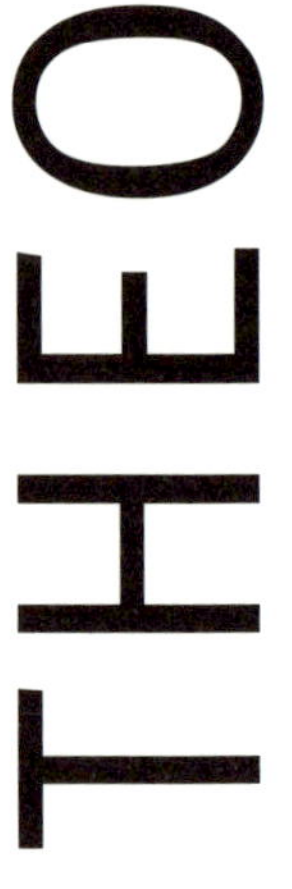

Für den Schokoladen-Pionier Holger In't Veld ist Schokolade nicht nur das kleine Naschwerk nebenbei, er hat eine wahre Genussphilosophie um seine mit Hand beschrifteten Tafeln entwickelt, die sich an der Bildsprache des haitianischen Voodoo-Kults anlehnen. Bei diesen Tafeln geht es um viel mehr als „Erdbeere oder Karamell, dunkel oder weiß", die Frage ist, welche Bohne wir mögen und wie damit umgegangen wird. In minutiöser Handarbeit und dem Wissen um die Geheimnisse guter Schokolade schöpft In't Veld aus seinen Bohnen wahre göttliche Kreationen. Sie schmecken konzentriert, pur, aromatisch – hier steht nicht der süße Geschmack im Vordergrund, vielmehr der herbe. Diese Eigenschaften wussten schon die Azteken zu schätzen, die ihren Kakao „Xocóatl", Bitterwasser, tauften. In't Veld folgt seinen Vorlieben und lässt die Kakaobohnen in ihrem Urzustand, bevor sie von Hand geschält, sorgsam geröstet und in winzigen Stein-Melangeuren verarbeitet werden. Zitrone, Haselnüsse, Ziegenmilch oder Salz runden seine Kompositionen ab. In't Velds Lieblingsbohne kommt übrigens aus Belize, wo die karibische Sonne und Bio-Fairtrade-Behandlung aus den Bohnen einen unendlich komplexen Genuss machen. Die Seele seiner Schokoladen ist nicht zu „überschmecken", doch In't Veld träumt weiter: eine eigene Plantage mit Kakaobäumen, so dass die Entstehungskette von A-Z in seinen Händen liegt.

THEOBRO.MA

Eisenbahnstraße 42/43
in der Markthalle Neun
10997 Berlin Kreuzberg
www.theobro.ma
Donnerstag – Samstag 12.00 – 18.00 Uhr
sowie jeden 3. Sonntag im Monat
10.00 – 17.00 Uhr Breakfast Market

„In minutiöser Handarbeit schöpft In't Veld aus seinen Bohnen wahre göttliche Kreationen."

Cacao Mama / Founder

INTERVIEW MIT SERAP KARA

www.cacaomama.com

Serap Kara ist verrückt nach Schokolade. Das würden wahrscheinlich viele von sich behaupten, doch wenn man die Geschichte von Serap kennt, versteht man, was wahre Leidenschaft bedeutet.
Es begann alles mit einem Stück selbst gemachter Schokolade in der heimatlichen Küche und führte von einem intensiven Studium der Wunderpflanze Kakao zu einem Onlineshop und bewusstseinserweiternden Kakao-Zeremonien.

Wie entstand Deine Liebe zu Kakao? Wann kamst Du zum ersten Mal mit Kakao in Berührung und was war Deine Erfahrung?

Meine erste Begegnung mit Kakao war im Frühjahr 2011. Mein damaliger Mitbewohner hatte die anregenden und glücklich machenden Eigenschaften von rohem Kakao für sich entdeckt und war verrückt danach.
Mich interessierten Themen um Nachhaltigkeit, Bewusstsein und auch Mystik und ich kannte die Bedingungen der Schokolade auf ökonomischer und ökologischer Ebene, doch hatte ich bis dahin kein Wissen um das Wesen von Pflanzen.
Eines Morgens genoss ich ein großes Stück meiner ersten handgefertigten Schokolade. Nach etwa 30 Minuten fühlte ich eine Veränderung in meiner Wahrnehmung. Ich war wie in einem Hologramm, in dem ich mich umsehen und interaktiv Fragen stellen konnte. Im Folgenden erhielt ich ein vollständiges Bild der globalen Bewegung und der Wertschöpfungskette von Kakao mitsamt Erklärungen um soziale, politische und wirtschaftliche Konditionen. Diese Erfahrung, die jeder Logik entbehrte und gleichzeitig so fundiert war, war meine persönliche Initiation in die Welt der Pflanzen und markierte den Beginn meines Studiums von Kakao.

Von Anfang an irritierte mich das Ungleichgewicht zwischen Mensch, Natur und Wirtschaft und ich fragte mich, was wir auf unserem Weg in die moderne Zivilisation verloren hatten. Im Kakaoanbau findet man z.B. die schlimmsten Auswirkungen von Kinderarbeit und -versklavung und eine Form der Armut, in der die Menschen ausweglos gefangen sind.

Ich beschäftigte mich intensiv mit den Lehren der indigenen Völker und Schamanen. Ihre innige Verbindung zur Natur, ihr tiefer Respekt für 'Mutter Erde' und ihre Vorstellung, dass alles, von den Pflanzen und Tieren bis hin zu den Elementen, beseelt ist, faszinierte mich zutiefst. Parallel absolvierte ich eine Ausbildung zur energetischen Heilerin.
Bei den Mayas und Azteken fand ich einen weiteren Schlüssel, denn diese betrachteten den Kakao als heilige Pflanze und er war ein zentraler Bestandteil ihres Lebens und Wirkens.

„Die Kakao-Zeremonie ist eine besonders schöne Gruppenerfahrung."

Wie entstand Cacao Mama?

Auf einem Retreat in Kapstadt in 2014 fasste ich den Mut, den Teilnehmern eine Maya-Schokolade anzubieten. An diesem Nachmittag wurde ein bis dahin bekanntes Bild von der Schokolade vollständig ausgetauscht. Die Menschen lachten und fühlten sich verbunden und gaben mir den Namen Cacao Mama. Zurück in Berlin beschloss ich, meine 'Cacao Experience' mit den Menschen zu teilen. Ich begann Zeremonien im Freundeskreis anzubieten und eröffnete einen Online Store mit Produkten.

Cacao Mama versteht sich als Hüterin und Botschafterin von Kakao, die „The Many Ways of Cacao" studiert und abbildet. Eine Herzensangelegenheit ist mir, diesem globalen Phänomen mehr Aufmerksamkeit zu schenken und die Menschen zu portraitieren, die sowohl traditionell mit Kakao arbeiten, als auch die neue Generation zu dokumentieren, die Kakao auf vielfältige Art neu interpretiert. Im späten Herbst möchte ich eine Online-Version lancieren.

Du sprichst von Cacao als „Sacred Medicine". Was ist die Magic? Welche Health Benefits hat roher Cacao?

Das Geheimnis von Kakao scheint in seiner rohen, unbehandelten Form zu liegen, denn bei jedem Produktionsschritt verliert Kakao etwas von seiner Kraft. Roher Kakao wirkt antioxidativ und enthält die wahrscheinlich höchste Menge an Magnesium von allen Lebensmitteln auf dieser Erde. ‚Herzblut' nannten ihn die Azteken, da Magnesium ein wichtiger Bestandteil für die Funktion des Herzens und Gehirns darstellt. Er enthält Mineralien, Spurenelemente, Vitamine und Botenstoffe und ist reich an Zink, Kupfer, Chrom, Eisen, Vitamin C, Omega-6-Fettsäuren, Tryptophan und Serotonin. Kakao enthält Phenethylamin (PEA), das unser Körper produziert, wenn wir uns verlieben. Das ist wahrscheinlich einer der Gründe, warum Schokolade und Liebe so eng miteinander verbunden sind. Kakao ist zudem die einzige Pflanze, die Anandamid enthält, ein Glückshormon, das wir ausschütten, wenn wir uns körperlich betätigt haben.

Wie läuft eine Kakao-Zeremonie ab?

Die Kakao-Zeremonie ist eine besonders schöne Gruppenerfahrung. Nach einer Einleitung eröffnen wir den Zirkel mit einer kurzen Vorstellung und trinken dann Kakao, wie er vor allem in südamerikanischen Traditionen zubereitet wurde – in seiner puren Form mit Wasser angerührt und mit Vanille, Chili und Zimt gewürzt. Dann gehen wir auf eine innere Reise aus geführter Meditation, Musik, Klang und Stille.

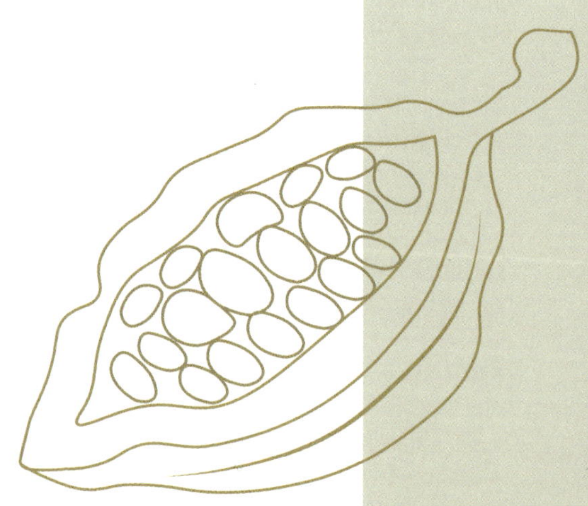

MARKTHALLE NEUN

Die Markthalle Neun ist ein zentraler Treffpunkt im Pücklerkiez. Hier kauft man sein Gemüse, trinkt einen Wein mit den Nachbarn oder trifft, immer donnerstags, die halbe Stadt zum Street Food Market. Doch das war nicht immer so. Erst 2010 kehrte das Leben zurück in die historische Markthalle aus dem Jahr 1891. Zu verdanken ist das Florian Niedermeier, Bernd Maier und Nikolaus Driessen, die die Markthalle von der Stadt Berlin übernahmen und sie, zusammen mit engagierten Anwohnern, zu einem Lebensmittelpunkt in Kreuzberg machten. Ihr erklärtes Ziel ist es, all denjenigen eine Anlaufstelle zu geben, die gerne jenseits von Discountern und Großhandel einkaufen möchten. Außerdem bietet die Halle Raum für Initiativen aus der Nachbarschaft und Projekte, die den Umgang mit Essen und unserer Umwelt, Ernährung im Allgemeinen, Landwirtschaft sowie das Leben in der Stadt kritisch hinterfragen und Denkanstöße für neue Wege geben.Der Andrang, insbesondere donnerstags und an den Wochenenden, zeigt, dass ihr Anliegen viele Menschen beschäftigt. Noch teilen sich die Slow-Food-Anhänger die historische Halle mit Filialen von Discountern, doch nach und nach weichen diese und schaffen mehr Raum für neue Ideen.

MARKTHALLE NEUN
Eisenbahnstraße 42/43
10997 Berlin Kreuzberg
www.markthalleneun.de
Wochenmarkt Basis: Dienstag – Donnerstag 12.00 – 18.00 Uhr
Groß: Freitag 12.00 – 18.00 Uhr und Samstag 10.00 – 18.00 Uhr
Street Food Thursday: Donnerstag 17.00 – 22.00 Uhr
Kantine & Café: Montag – Freitag 12.00 – 15.00 Uhr und Samstag 11.00 – 17.00 Uhr

„Der schönste Treffpunkt für Foodies in Berlin.“

MARKT

WOCHEN

Auf dem Wochenmarkt bieten, neben kleinen regionalen Produzenten, internationale Händler ihre Ware an. Sie verbindet, dass sie ihre Produkte vom Ursprung bis zur Vermarktung begleiten und sich dem respektvollen Umgang mit Mensch, Tier und Umwelt verschrieben haben. Falls den Marktbesucher der Hunger packt, gibt es Leckereien, z.B. aus der gläsernen Bäckerei, der Fisch- und Fleischräucherei oder der offenen Kantine.

Montag – Freitag 10.00 – 18.00 Uhr

THURSDAY

STREETFOOD

Die beliebteste Veranstaltung, die nicht nur Gäste aus ganz Berlin, sondern aus der ganzen Welt anzieht, ist eindeutig der Streetfood Thursday. An manchen Donnerstagen im Sommer ist es schier unmöglich, durch die „Essens-Gassen" der Halle zu den Köstlichkeiten vorzudringen. Doch Beharrlichkeit lohnt sich, denn jeden Donnerstag bieten hier all jene ihre Köstlichkeiten an, denen vielleicht der finanzielle Background für ein eigenes Restaurant fehlt, die aber mit Leidenschaft und Kreativität dabei sind.

Dabei achten die Veranstalter sehr genau darauf, dass den Gästen eine große Vielfalt an authentischem und vor allem internationalem Street Food angeboten wird. Neben schwäbischen Spätzle reihen sich Stände mit britischen Pies, mexikanischen Tacos, peruanischem Ceviche, thailändischen Tapioka-Dumplings, amerikanischen Pulled Pork Sandwiches, nigerianischen Fufu und vielem mehr.

Jeden Donnerstag 17.00 – 22.00 Uhr

MARKET

BREAKFAST

Nicht weniger international geht es an Sonntagen in der Markthalle zu. Doch wie der Name verrät, dreht sich sonntagmorgens alles ums Frühstück. Vom Gesundheitsfreak über die Naschkatze bis hin zum Partyvolk ist bei einem Angebot, dass von Green Smoothies über Pancakes bis hin zur Bloody Mary reicht, für jeden etwas dabei.

Jeden 3. Sonntag im Monat
10.00 – 17.00 Uhr

NASCHMARKT

BERLINER

An drei Sonntagen im Jahr verwandelt sich die Markthalle in einen Ort, von dem viele bestimmt schon heimlich geträumt haben.
Die süße Szene der Hauptstadt stellt ihr Können unter Beweis und verführt mit Köstlichkeiten, wie Schoko-Brownie-Eis, Macarons, Pralinen etc. Doch es wäre nicht die Markthalle Neun, wenn nicht auch bei diesem Event wieder Denkanstöße geschaffen werden. Anders als bei herkömmlichen Süßigkeiten wird bei den hier angebotenen Naschwaren auf gentechnisch veränderte Rohstoffe, synthetische Zusatz-, Konservierungs-, Aroma- und Farbstoffe, Geschmacksverstärker und synthetisch hergestellten Zucker verzichtet.

Dreimal im Jahr, mehr Infos auf der Website:
www.markthalleneun.de/markt/berliner-naschmarkt

Zusätzlich zu den regulären Veranstaltungen finden in der Markthalle viele weitere Projekte zu den Themen Umgang mit Lebensmitteln, Landwirtschaft, Biodiversität, Stadt und Ernährung statt. Die Palette reicht von Kinder-Kochkursen bis hin zu Festivals, wie Stadt-Land-Food, Cheese Berlin oder das Berlin Coffee Festival.

ORGANIC

Die biologische, ökologische und vollwertige Ernährung ist längst nicht mehr nur eine Trendbewegung, vielmehr steckt dahinter ein grundlegender gesellschaftlicher Wandel. Urban Farming, Farm-to-Fork sowie Zero-Miles-Production – derartige Konzept sind dabei nicht mehr aus den europäischen Metropolen wegzudenken und bringen die zunehmende Sehnsucht nach Qualitätsprodukten und einem transparenten Herstellungsprozess auf den Punkt. Kurz gesagt: Nachhaltige Nahrungsmittel sind die neuen Statussymbole!
Nirgendwo in Deutschland gilt das so sehr wie in Berlin, dem Zentrum der Foodies. Festivals wie die Berlin Food Week oder Stadt Land Food laufen der Fashionweek längst den Rang ab und anstelle von „was mit Medien“ machen die jungen Kreativen heute „was mit Essen“. So mutiert Food zur neuen Kreativwirtschaft.
Doch nicht nur das: Gesunde und nachhaltige Ernährungskonzepte spielen insbesondere auch für die gesellschaftliche Zukunft eine Rolle. So haben die Gründer der Foodmesse Next Organic den Blick als eine der Ersten nach vorne gerichtet und es sich zur Aufgabe gemacht, relevante Trends mitzugestalten, zukunftsweisende Ideen zu entwickeln und der Next Generation eine Plattform zu bieten.

NEXT ORGANIC

FuturEins UG
Eisenbahnstraße 42/43
(Markthalle Neun)
10997 Berlin
Tel: 030 69532701
www.nextorganic.de
Monat: September

PURE · PALEO · POWER
Monte Chiaro

TUAREG
MINT
-cold brew-
GENMAI
CHA
-raw-
KOMBU
CHA
100%
Living Culture
ManuTeeFaktur
LE
GR
à la

Cembuya orientalis
KombuchaPilz &
Fermentierter Tee
KOMBU
CHA
100%
Living Culture
-SCOBY/MOTHER-
ManuTeeFaktur
"born - not made"
ZUTATEN
Tafelwasser Rohrzucker*
"Kombuchapilz"* Symbiose versch. Hefen
& Essigsäurebakterien Tee*
*aus kontrolliert biologischem Anbau
Preparation:
-infuse 3L of tea (6-12g/liter)
and boil/infuse it for 30 minutes.
Important: it must be "real tea"
means Camellia sinensis: White Tea,
Green Tea, Oolong, Black Tea or Pu
Erh you can also combine/mix them.
-add sugar: 80-110g/liter
-cool the tea down to 30°C/86°F
-sterilize/clean the container
-add the SCOBY/MOTHER
-add 330ml of "old" Kombucha
-add the sweet tea trough a net
-cover the containter with a piece
of cloth or paper: Kombucha needs
fresh air to breath!
-avoid direct sun/smoke
-let your Kombucha ferment on a
warm, well aired place for 10-14 days
(depending on the temperature)
-ENJOY YOUR ELIXIR, rebrew and share
the MOTHER with family and friends...

Das Messeformat der Next Organic tanzt im Vergleich zu gewöhnlichen Messen aus der Reihe. Es gibt Entdecker-Räume, Förderstände für Start-Ups und Konzept-Pitches. Doch diese experimentelle, kreative und offene Atmosphäre bietet Raum für Newcomer, kleine Unternehmen, Manufakturen und Feinkosthersteller – mit der Mission neue Konzepte ins Leben zu rufen. Ein Format, das Lebensmittel erlebbar macht, diese in einem ergänzenden Kontext neu in dem Bewusstsein der Gesellschaft verankert und der Foodie-Szene Engelsflügel verleiht!

Wie es zur Next Organic gekommen ist, worauf das zunehmende Bewusstsein zurückzuführen ist und welche Städte in der Bewegung den Ton angeben, hat uns Jiro Nitsch, Mitgründer der Next Organic, verraten!

„Die Next Organic verleiht der Foodie-Szene Engelsflügel.“

„Die Sehnsucht nach echten, handwerklichen Lebensmitteln ist größer denn je!“

INTERVIEW MIT JIRO

Jiro Nitsch

Founder

Es wird wieder auf dem Markt eingekauft und die Menschen möchten wissen, woher die Lebensmittel kommen. Was hat dazu geführt, dass die bewusste Lebensmittelbranche so auf dem Vormarsch ist?

Viele Verbraucher, die sich bewusst mit Lebensmitteln beschäftigen, sind verunsichert. Die Lebensmittelskandale der letzten Jahre, z.B. BSE-Krise, Dioxin-Skandal, Massentierhaltung, haben vor allem dazu beigetragen. Außerdem spielen die Machtstrukturen im Lebensmittelhandel und die Urbanisierung eine große Rolle. Die Sehnsucht nach echten, handwerklichen Lebensmitteln ist größer denn je!

Was hat Euch dazu motiviert, die Next Organic ins Leben zu rufen?

Die Next Organic sendet Impulse an die gesamte Lebensmittelbranche. Wir geben nachhaltigen Food-Startups und besonderen Konzepten mehr Raum und fördern damit die Veränderung. Motiviert hat uns die Tatsache, dass die Generation Y in den Startlöchern steht und viele aktuelle Verhältnisse verändern wird. Dabei spielen Social Business, Healthy Food, konsequente Regionalität etc. eine große Rolle.

Wer stellt auf der Next Organic aus? Was ist das Besondere an Eurem Messe-Konzept?
Auf der Next Organic findet man viele Food-Startups, circa 60% der Aussteller sind Startups, die es nicht länger als 3 Jahre gibt. Das Besondere ist die dynamische Themenwelt. Wir beschäftigen uns sowohl positiv als auch kritisch mit Zeichen der Zeit. Digitalisierung ist hier z.B. ein großes Thema, welches eher kritisch beleuchtet wird, oder auch die Zukunft der Mobilität.

Was ist der nächste große, relevante Trend in der Lebensmittelbranche?
Der nächste große Trend sind sicherlich Konzepte, die nicht mehr den klassischen Weg gehen. Sowohl in der Vermarktung als auch in der Produktion. Konzepte wie Food Assembly und Frischepost machen es vor. Aber auch der Trend zurück zum Handwerk wird sich stark entwickeln.

Welchem Themenschwerpunkt wird sich die Next Organic 2017 widmen?
Im Frühjahr 2017 werden wir unseren Next Organic Startup Award verleihen und in dem Zuge die spannendsten Food-Startups vorstellen. Im Herbst kommt dann ein neues Gastroformat, wo wir uns vor allem mit der Veränderung der Anforderungen in der Gastronomie und Hotellerie beschäftigen.

Warum ist gerade Berlin der richtige Ort für Eure Messe?
Berlin ist quasi der kulinarische Marktführer in Deutschland. International geben LA, London oder Kopenhagen aktuell den Ton an. Das hängt vor allem mit politischen und ökonomischen Strukturen zusammen. Der internationale Anschluss ist da, allerdings steht uns noch eine Entwicklung bevor, die andere Großstädte in Europa schon hinter sich haben.

„Berlin ist quasi der kulinarische Marktführer in Deutschland."

DIE FARBE LILA
NEWS

INTERVIEW MIT GERNOT WÜRTTEMBERGER

Conflict Food / Co-Founder

www.conflictfood.com

Welche Idee steckt hinter Conflictfood?

Esskultur und Lebensmittel haben das Potenzial Frieden zu stiften. Wir suchen nach den besten Lebensmitteln in Krisenregionen und unterstützen so Kleinbauern vor Ort durch direkten Handel. Dadurch stärken wir die Wirtschaft strukturschwacher Regionen von innen heraus. Es gibt fantastische Produkte in Regionen, die keinen nennenswerten grenzüberschreitenden Handel haben. Es gibt dort Menschen, die kulinarische Schätze anbauen, ernten und stolz auf ihr Produkt sind. Conflictfood baut genau dafür eine Brücke nach Europa und bringt damit nicht nur die Waren näher, sondern auch Menschen und Kulturen. Und einen Teil des Erlöses investieren wir in Bildungs- und Kulturprojekte im Herkunftsland. Der Kreis schließt sich.

Wie kamt Ihr dazu Conflictfood zu gründen? Gab es einen Auslöser, einen besonderen Moment?

Einen konkreten Auslöser gab es nicht – eher eine latente Unzufriedenheit mit der gängigen Handels- bzw. Weltpolitik. Auf einer Reise durch Afghanistan haben wir ein unabhängiges Frauenkollektiv getroffen – eher durch Zufall – und durften diese bei der Safranernte begleiten. Die Frauen hatten gerade den Umstieg von Opium auf Safranproduktion geschafft. Das hat uns so fasziniert, dass wir gedacht haben: Wow – dieses Produkt und diese Geschichte möchten wir weitertragen.

Gibt es etwas, wozu Ihr mit Conflictfood beigetragen habt, auf das Ihr besonders stolz oder über das Ihr besonders glücklich seid?

Salem ist gerade für 2 Wochen nach Afghanistan gereist, um wieder das Frauenkollektiv in Herat zu besuchen. Sie werden ihm die neuen Lehmhäuser für die Trocknung des Safrans zeigen und die neuen, größeren Safranfelder. Ein Stück weit haben wir von Conflictfood dazu beigetragen, ihre wirtschaftliche Unabhängigkeit langfristig

zu sichern. Der Gedanke daran macht mich eigentlich sehr glücklich und ich freue mich sehr auf Salems Erzählungen, sobald er wieder in Berlin ist!

Welche (politische/gesellschaftliche) Macht hat Konsum heutzutage Eurer Meinung nach?
Unser Konsum feuert weltweit Konflikte an. Wir wollen den Spieß umdrehen und mit Konsum einen positiven Beitrag leisten.
Wir müssen uns alle an die eigene Nase fassen, sind wir doch mitverantwortlich für viele Krisen in dieser Welt. Aufgrund fehlgeleiteter Politik müssen Menschen aus ihrer Heimat fliehen. Mit Conflictfood möchten wir dem Konsum und dem Handel die Menschlichkeit zurückgeben und somit durch soziale Verantwortung auf eine friedliche Perspektive hinarbeiten.

Demnächst kann man bei Euch im Onlineshop Freekeh kaufen. Was genau ist das und was kann man damit zubereiten?

In Palästina haben wir das Korn Freekeh diesen Sommer für uns das erste Mal entdeckt. Es ist ein Weizen, den man grün und unreif erntet, dann auf offenen Flammen verbrennt und somit haltbar macht. Das Korn hat in Ländern wie Syrien, Jordanien und Palästina viele Jahrtausende Tradition und ist bei uns völlig unbekannt. Das wollen wir ändern! Nicht nur die gesunden und bekömmlichen Eigenschaften des Freekeh sind erstaunlich, es schmeckt vor allem köstlich – nussig, rauchig!
Kochen kannst Du es ähnlich wie Reis oder Quinoa, als Salat, als Suppe oder als herzhaften Eintopf. Gemahlen lassen sich daraus Kuchen und Kekse backen. Gerade arbeiten wir auch an einem Freekeh-Kochbuch mit allen Lieblingsrezepten von uns.

3RD WAVE COFFEE MOVEMENT & UNSERE FAVOURITE SHOPS

In den letzten zehn Jahren hat sich in Berlin viel verändert im Bezug auf Kaffee. Aus den USA ist die Third Wave Coffee Movement herübergeschwappt und hat die Kaffeequalität in deutschen Tassen deutlich steigen lassen. Der Third Wave gingen „die erste und zweite Welle" voraus, in denen Kaffee zunächst für die breite Masse zugänglich wurde und Instant- und Filterkaffee ihre Hochphase hatten. Das steigende Interesse der Konsumenten an dem Getränk, der Herkunft der Bohnen und den verschiedenen Röstungen löste die zweite Welle aus. Aus einfach nur Kaffee wurden Espresso, Latte, Frappuccino, French Press etc. Symbolisch für diese Phase sind die großen Ketten, insbesondere Starbucks.

Seit Ende des letzten Jahrhunderts findet ein erneutes Umdenken statt. Kaffee ist nicht länger nur ein Wachmacher, etwas, das man sich im To-Go-Becher auf dem Weg zur Arbeit kauft, sondern ähnlich wie Wein ein Genussmittel, das es verdient zelebriert zu werden. Immer mehr Cafés bieten Kaffee-Verköstigungen an, fahren diverse Zubereitungsmethoden und raffinierteste Gerätschaften auf und die Baristas nähern sich in ihrer Bedeutung den Sommeliers an.

Neben der Art der Zubereitung spielen bei der Third Wave Coffee Movement Faktoren wie Nachhaltigkeit und Qualität in Bezug auf Anbau, Ernte und Röstung eine wichtige Rolle.

„Kaffee ist nicht länger nur ein Wachmacher, sondern, ähnlich wie Wein, ein Genussmittel."

COFFEE

BONANZA

Yumi Choi und Kiduk Reus von Bonanza gehören zu den Kaffee-Pionieren Berlins. Sie zählen tatsächlich zu den Ersten, die Kaffee auf ein nächstes Level gebracht haben. Als sie 2006 ihre Rösterei eröffneten, schwappte in den Tassen der Hauptstädter noch meist dünne Plörre statt schwarzen Goldes. Dank Bonanza änderte sich das jedoch schnell. Ihr Markenzeichen: nur leicht geröstete Bohnen, aber voller Geschmack. Neben ihrem eigenen Café im Prenzlauer Berg beliefern sie zahlreiche Berliner Cafés mit ihren Röstungen. 2016 eröffneten sie dann endlich auch einen Ableger in Kreuzberg – schick, schlicht, offen. Ein Rückzugsort, in dem die Alltagshektik weit entfernt zu sein scheint. Alle neugierigen Hobby-Baristas sollten sich vor allem auch nicht den Blick durch die Glaswand entgehen lassen und das Geschehen der Kaffeerösterei begutachten. Keine Frage, Bonanza Coffee ist von der Spitze der Berliner Third Wave Coffee Movement nicht mehr wegzudenken.

BONANZA COFFEE

Adalbertstraße 70
10999 Berlin Kreuzberg
Montag – Freitag 9.00 – 18.00 Uhr
Samstag und Sonntag 10.00 – 18.00 Uhr

Oderberger Straße 35
10435 Berlin Prenzlauer Berg
Montag – Freitag 8.30 – 18.30 Uhr
Samstag und Sonntag 10.00 – 19.00 Uhr
www.bonanzacoffee.de

„Der Coffeeshop war tatsächlich einer der ersten, der Kaffee auf ein nächstes Level hob.“

CONCIERGE COFFEE

Erst auf den zweiten Blick sieht man das kleine Café-Mekka von Benjamin Prates und Namy Nosratifard, das sich in einem ehemaligen Pförtner-Kabäuschen in einem Hinterhof am Paul-Lincke-Ufer versteckt. Es ist wohl einer der charmantesten Orte von Berlin, an dem man seinen Flat White bestellen kann – durch ein Pförtnerfenster. Viel Platz zum Sitzen und Verweilen ist auf den knapp 15 Quadratmetern nicht, aber es gibt Platz genug für das Wesentliche: richtig guten Kaffee aus einer Siebträgermaschine. Namy und Benjamin verstehen ihr Handwerk, schließlich kommen sie aus der renommierten Kaffeeschmiede des Bonanza Coffee Clans. Mit Concierge Coffee haben sie ihren Traum eines Cafés en miniature verwirklicht. Dieser Ort ist die perfekte Anlaufstelle für eine kleine Auszeit oder um sich für einen langen Kanalspaziergang mit einem Coffee to Go zu rüsten.

CONCIERGE COFFEE

Paul-Lincke-Ufer 39/40
10999 Berlin Kreuzberg
Montag – Freitag 8.30 – 18.00 Uhr
Samstag und Sonntag 11.00 – 17.00 Uhr

„Café en miniature – bester Kaffee durch die Pförtnerluke!“

SAMPSON

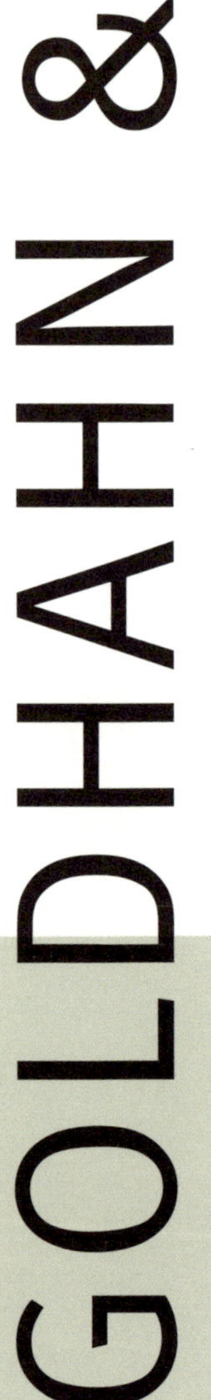

Goldhahn & Sampsons Wilma zählt in Sachen kulinarischer Genuss zu den wichtigsten Adressen in Berlin. An dem 15 Meter langen Tresen mit Kaffeebar und Delikatessen-Theke kann man sich herrlich verwöhnen lassen. Ein absolutes Must sind dabei die Kaffeespezialitäten mit dem Houseblend von Five Elephant und dazu ein Stück des legendären Cheesecakes. Wer das Ganze noch toppen möchte, kann natürlich auch mit Kuchenkreationen von La Morina, dem Brot von Sironi, dem Käse von Blomeyer und den himmlischen Pralinen von Summerbird aus Dänemark liebäugeln. Doch das war nicht alles. Die Macher hinter dem Konzept, Andreas Klöckner und Sascha Rimkus – aka Trüffelschweine – haben ein ganzes Imperium für Foodies geschaffen und nicht nur ein Café, sondern auch Feinkost, Kochbuchladen und eine Kochschule unter einem Dach eingerichtet. Dieser Ort ist einfach Kult!

GOLDHAHN & SAMPSON

Wilmersdorfer Straße 102/103
10629 Berlin Charlottenburg
www.goldhahnundsampson.de
Montag – Samstag 8.00 – 21.00 Uhr

„Ein Concept Store des Genusses.“

CHAPTER ONE

Kaffeekultur auf höchstem Niveau findet man auch im Chapter One, gelegen in einer Seitenstraße des Kreuzberger Marheinekeplatzes. Eine Adresse für alle, die den Kaffee wirklich zelebrieren möchten oder sich eine Abwechslung zum traditionellen italienischen Espresso wünschen. Beim Betreten fällt der Blick sofort auf die „Hikari Siphon Bar", die den Kaffee mit Unterdruck zubereitet und der schönen, italienischen La Marzocco Linea zu ihrer Rechten die Show stiehlt. Welche Zubereitungsart nun die köstlichere ist, bleibt Geschmackssache. Gewöhnlich geht es im Chapter One zumindest nicht zu und das ist auch gut so. Wem aber die außergewöhnliche Röstung nicht schmeckt, der muss auch nichts bezahlen. Fakt ist, dass die Betreiber Nora – sie gewann bereits mit 21 Jahren die Deutsche Barista Championship – und Björn beiden Maschinen den perfekten Kaffee entlocken können. Dazu gibt es vorzügliche Croissants und ein paar Sonnenstrahlen.

CHAPTER ONE

Mittenwalder Straße 30
10961 Berlin Kreuzberg
Tel: 030 25922799
www.chapter-one-coffee.com
Montag – Samstag 9.00 – 18.00 Uhr
Sonntag 11.00 – 18.00 Uhr

„Außergewöhnliche Röstungen werden hier großgeschrieben!“

FORM

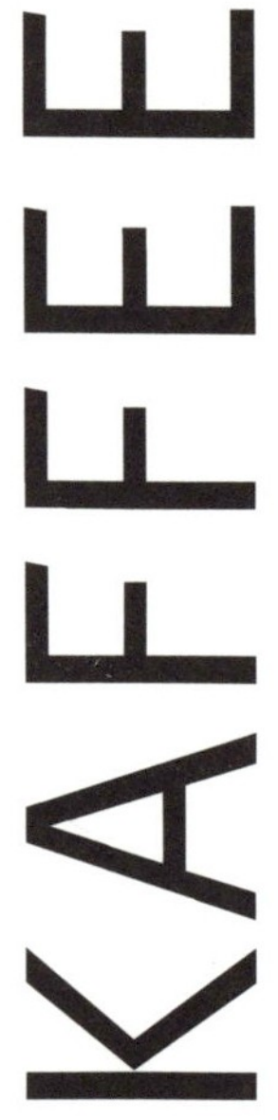

Hinter Kaffeeform steckt die geniale Idee von Julian, aus Kaffee-Überbleibseln Kaffeetassen zu produzieren. Dreimal in der Woche sammelt er den Kaffeesatz aus Berliner Cafés für die Herstellung seiner Tassen und Untertassen. Genauer gesagt, zaubert Julian aus den gemahlenen, verbrühten Bohnen brandneue, robuste Tassen, die nicht nur ästhetisch schön aussehen, sondern auch spülmaschinenfest sind. Für das Produzieren einer Tasse inklusive Untertasse werden etwa sechs getrunkene Espressi wiederverwertet. Mit diesem Wissen füllt sich natürlich auch das Umwelt-Karma-Konto!

KAFFEEFORM

www.kaffeeform.com

INTERVIEW MIT

JULIAN

Julian Lechner

Founder/Designer

Was ist Dein Background? Wie kamst Du auf die Idee, recyclebare Kaffeetassen zu machen?

Mein Hintergrund ist Produktdesign. Ich habe vor der Gründung von Kaffeeform interdisziplinäre Gestaltung in Bozen und London studiert, dann für drei Jahre in zwei verschiedenen Design-Büros gearbeitet. Die Idee Kaffeesatz zu neuen Tassen zu verarbeiten kam mir während des Studiums in Italien.

Worauf achtest Du bei der Herstellung?

Besonders wichtig sind die Grundzutaten der Materialherstellung. Wir verwenden neben dem in Berlin lokal gesammelten Kaffeepulver ausschließlich nachwachsende Rohstoffe für den finalen Materialmix.

Schmeckt der Kaffee aus einer Kaffeeform-Tasse anders?

Geschmacklich ändert sich das Aroma des eingefüllten Kaffees nicht. Psychologisch assoziiert man aber sofort ein positives Trinkerlebnis aus den Tassen. Man ist direkt in den Kreislauf zwischen Kaffeebohne, Genuss und Weiterverwertung der Rückstände eingebunden und wird Teil des Ganzen.

Wo kann man Eure Kaffeetassen bekommen?

Wir vertreiben die Tassen über ca. 20 Einzelhändler in Deutschland und über unseren Onlineshop: www.kaffeeform.com.

Bisher gibt es Espresso- und Cappuccino-Tassen. Was kommt als nächstes?

Eine XL-Tasse für den perfekten Milchkaffee, ein schöner praktischer Mehrwegbecher für den Kaffee unterwegs und kleine Accessoires wie Löffel etc.

Was ist Deine Vision?

Das Materiel auch für Möbel einsetzen.

„Man ist direkt in den Kreislauf zwischen Kaffeebohne, Genuss und Weiterverwertung eingebunden und wird Teil des Ganzen."

ELEPHANT

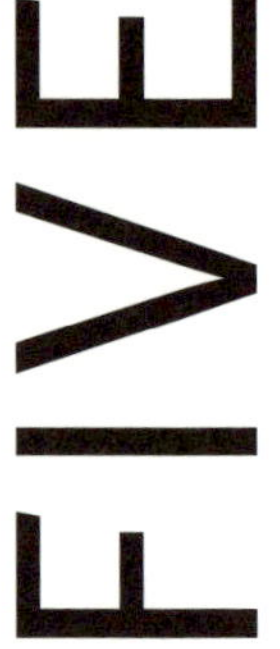

In der hintersten Ecke Kreuzbergs versteckt sich das Five Elephant und gibt Kaffee-Aficionados einen sehr guten Grund, ihren Kiez zu verlassen und die kleine Reise zu der Kaffeekoryphäe auf sich zu nehmen. Denn das Five Elephant ist weit mehr als das Café nebenan. Die Besitzer Kris und Sophie brühen ihren Kaffee nicht nur mit Bohnen aus ihrer eigenen Rösterei, sondern beziehen diese Bohnen auch noch direkt von den Kaffeeplantagen aus Costa Rica, Brasilien oder Panama. Das heißt, sie wissen zum einen genau unter welchen Bedingungen diese angepflanzt und geerntet werden. Zum anderen erhält der Produzent den maximalen Gewinn ohne lästige Abgaben an Zwischenhändler. Ganz nebenbei erwähnt, gibt es hier mit einen der besten Käsekuchen der Stadt, wenn nicht sogar jenseits des Big Apples, mit einer perfekt cremigen Konsistenz und einem Boden, der himmlisch nach Zimt schmeckt, hausgemacht versteht sich. Das Interieur im Five Elephant gibt uns das Gefühl, bei Freunden zu sein – Wohlfühlatmosphäre pur!

FIVE ELEPHANT

Reichenberger Straße 101
10999 Berlin Kreuzberg
Tel: 030 69507444
www.fiveelephant.com
Montag – Freitag 8.30 – 19 .00 Uhr
Samstag – Sonntag 10.00 –19.00 Uhr

„Der Berliner Kaffee-Dealer des Vertrauens.“

SILO COFFEE

Vom anderen Ende der Welt sind die Besitzer von Silo Coffee angereist, um den Berlinern schon am Morgen den Tag zu versüßen. Die beiden Australier James und Morgan veredeln ihre Kaffeekreationen mit heimatlichen Aromen. Wer die ganze Bandbreite ihres Könnens kennenlernen möchte, der sollte an einem ihrer beliebten Coffee-Tastings teilnehmen. Außerdem empfehlen wir, nicht nur für einen Espresso vorbeizuschauen, sondern auch zum Frühstück zu bleiben. Der Tag kann nicht besser starten als mit einem noch ofenwarmen Banana Bread oder einem Avocado-Toast mit Humus, hausgemachter Tomatensauce, Salat und einer Scheibe Sironi-Brot aus der Markthalle Neun! Und auch sonst ist im Silo Coffee einiges geboten, das Programm präsentiert zahlreiche Events von Coffee-Tastings über Bier, heiße Schokolade oder Whisky-Verkostungen. Das minimalistische Interieur stammt übrigens aus der Feder von James, der eigentlich Architektur studiert hat.

SILO COFFEE

Gabriel-Max-Straße 4
10245 Berlin Friedrichshain
Tel: 030 74078746
Montag – Freitag 8.30 – 17.00 Uhr
Samstag 9.30 – 19.00 Uhr
Sonntag 10.00 – 19.00 Uhr

„Hier wird die Berliner Kaffeekultur mit australischen Aromen veredelt.“

CONSCIOUS …

LIFESTYLE

KARMA CLASSICS

Shai Hoffmann hat sich der progressiven Kapitalismus-Kritik verschrieben. Mit seinen Partnern Amira Jehia und Jakob Listabarth hat er die Karma Ventures UG ins Leben gerufen, die für Projekte steht, die Gemeinwohl stiftend sind und einen starken sozialen sowie nachhaltigen Schwerpunkt haben. Mit Hilfe der Crowdfunding-Kampagne Karma Classics haben sie den Chuck Taylor All Star, den wohl erfolgreichsten Schuh der Geschichte, neu erfunden: transparent, fair und nachhaltig, ohne Kinderarbeit und ausbeuterische Produktionsbedingungen, dafür aber mit jeder Menge gutem Karma. Wie die Karma Ventures UG das Karma in die Welt trägt und den Spirit für eine neue Form des Wirtschaftens verbreitet, verrät uns Shai.

KARMA CLASSICS

Kienitzer Straße 107
12049 Berlin Neukölln
Tel: 030 21808319
www.karma-classics.de

GIVE
TAKE

INTERVIEW MIT SHAI

Shai Hoffmann

Founder

Was macht den Karma Classics zu dem was er ist?

Die Idee der Karma Classics ist an sich relativ einfach, es sind fair und nachhaltig produzierte Sneaker, die dem Allstar von Converse ähneln. Jedoch sind unsere Karma Classics durch Abstimmungen in unserer Crowd personalisiert. Sprich, wir bieten die Schuhe in der Farbe und mit den Designkomponenten, wie beispielsweise der Buddha-Sohle, an, wie ihn die Crowd in einer Abstimmung gewählt hat. Zudem werden nur so viele Paar Schuhe produziert, wie auch bestellt werden. Wir wollen schließlich keine Vorhaltewirtschaft, die etwas produziert und danach in den Markt drückt.

Ihr bietet den Karma Classics sowohl für 132 Euro als auch für 6 Euro an, was hat es damit auf sich?

Dahinter steht die Idee des Karma Deals: Jeder soll sich den Schuh leisten können. Die limitierte Sonderedition gibt es für 132 Euro, die Karma-Version für 6 Euro. Wer das Projekt also unterstützen möchte, die finanziellen Möglichkeiten aber nicht hat, profitiert vom Solidaritätsprinzip.

Und wie überprüft Ihr, wer sich den Schuh für 132 Euro leisten kann oder nicht?

Gar nicht. Dieses Karma-Prinzip basiert auf dem reinen Vertrauen!

Eure Fundingschwelle für die Karma Classics lag bei 34 500 Euro, zum Schluss waren es 45 975 Euro. Was passiert mit den Gewinnen, die aus dem Crowdfunding entstehen?

Die Karma Ventures UG hat sich verpflichtet, alle Gewinne zu reinvestieren, um daraus weitere Karma-Projekte zu finanzieren. Dazu zählen neue Produktlinien, Kampagnen für die Sensibilisierung von nachhaltigem Konsum, aber auch unsere Netzwerkveranstaltung „Get Engaged", bei der Menschen sowie Unternehmer über ihre Ideen, Motivationen und täglichen Herausforderungen beim Machen berichten.

„Dieses Karma-Prinzip basiert auf dem reinen Vertrauen!"

Du bist selbst Crowdfunding Berater, was sind Deine Ratschläge für eine erfolgreiche Kampagne?

Das Wichtigste ist die Präsentation auf der jeweiligen Plattform. An erster Stelle sollten dabei Transparenz und Ehrlichkeit stehen, an zweiter Stelle Authentizität und an dritter Stelle eine proaktive Kommunikationsstrategie – lasst die Crowd an Euren Projektstufen und Abenteuern teilhaben!

„Dahinter steht die Idee des Karma Deals: Jeder soll sich den Schuh leisten können."

FOLK DAYS

Ein Lieblingsteil zeichnet sich oft dadurch aus, dass es neben seiner Schönheit oder Einzigartigkeit auch noch mit einer guten Geschichte aufwarten kann. Wenn es dann auch noch fair produziert ist, qualifiziert es sich schon fast als Lebensbegleiter. Wer sein Leben gerne mit einem Baby-Alpakaschal aus Bolivien oder einem Silberring, gefertigt vom nepalesischen Tharu-Stamm, verbringen möchte, der sollte beim Fair Fashion Label Folkdays in Kreuzberg vorbeigucken. Neben edelster Qualität und stilsicherem Design liefert das Berliner Label zu jedem Stück die Geschichte seiner Herkunft.

FOLKDAYS STORE

Manteuffelstraße 19
10997 Berlin Kreuzberg
Tel: 030 93626094
www.folkdays.de
Montag – Freitag 10.00 – 19.00 Uhr
Samstag 11.00 – 18.00 Uhr

INTERVIEW MIT LISA

Lisa Jaspers

Founder

Was ist Folkdays?

Folkdays ist ein Fair Fashion Label, das fair gehandelte Interior-Produkte, Accessoires, Fashion und Schmuck in Entwicklungs- und Schwellenländern produziert und in Deutschland, bzw. über unseren Onlineshop auch international, verkauft.

Wie kamst Du dazu Folkdays zu gründen?

Auf meinen Reisen habe ich gemerkt, wie viele Menschen unglaubliche Fähigkeiten haben, aber an Orten leben, in denen es keinen Markt dafür gibt und deren einzige Verkaufsmöglichkeit Touri-Märkte sind. Doch Touristen sind oft nicht willens, für Qualität zu bezahlen, was dazu führt, dass das angebotene Kunsthandwerk billig und schlecht produziert ist. Mit Folkdays bieten wir den Produzenten einen Markt, auf dem die Qualität ihrer Produkte und die damit verbundene Arbeit wertgeschätzt werden.

Indem wir die wirtschaftliche Entwicklung vor Ort stimulieren, hoffen wir die Armut in diesen Regionen zu bekämpfen.
Aus dieser und aus der Beobachtung heraus, dass es im Fair Fashion Bereich noch viel Raum für schöne Dinge gibt, ist die Idee entstanden Folkdays zu gründen.

Was unterscheidet Folkdays von anderen Fair Fashion Labels?

Ich habe das Gefühl, dass es viele Fair Fashion Labels gibt, die mehr oder weniger das anbieten, was man auch im Mainstream kaufen kann, nur eben fair produziert. Ich möchte den Leuten etwas bieten, was darüber hinausgeht. Die Leute sollen hier nicht kaufen, weil sie ein schlechtes Gewissen haben, sondern es soll eine positive Entscheidung sein: „Ich kaufe ein Produkt, das handgefertigt ist, das aus einer anderen Kultur kommt und dessen Geschichte einzigartig ist. Jedes Folkday-Produkt enthält einen Flyer, auf dem steht, wer es gemacht hat, was für eine Technik dahintersteckt und wie man das Material behandelt.

„Wir bieten den Produzenten einen Markt, auf dem die Qualität ihrer Produkte und ihre Arbeit wertgeschätzt wird."

FRAU WAGNER

Recycle to sexiness, recycle to fantasy, upcycle to the future! Mit ihrem Label Frau Wagner kontrastiert Susanne Wagner die Eleganz und Schönheit der Modewelt mit dem Element des Flüchtigen, Vergänglichen, bereits Gelebten. Mit der Couture-Kollektion Frau Wagner hat die Designerin aus abgelegter, alter Kleidung eine eigene Sprache entwickelt und kommuniziert auf diese Weise ihre Teilhabe an gesamtgesellschaftlichen Belangen. So transformiert Frau Wagner normierte Strukturen in individuelle Formen und nennt diesen Prozess „Cross Couture“.

Aus Massenartikeln wird Einzigkeit, aus Wertlosigkeit ein Wert. Die Verwandlung und Wandelbarkeit der Kleider versteht sich als Referenz für einen bewegenden Lebenswandel und eine bewahrende Lebenshaltung. Bereits seit 2007 bewegt sich Frau Wagner mit ihrer Arbeit zwischen Kunst und Mode. Sie ist immer wieder auf der Suche nach neuen Formen von Nachhaltigkeit.

FRAU WAGNER

Atelier
Kurmärkische Straße 13
10783 Berlin Schöneberg
Tel: 030 28868608
www.frauwagner.com
Nach Vereinbarung

INTERVIEW MIT

FRAU WAGNER

Suse Wagner

Founder

Was macht einen „Frau-Wagner-Entwurf" aus?

Jedes alte Kleidungsstück ist für mich ein Erkundungsmittel. Ich kann lesen wie eine Naht Spannung aufbaut oder verliert. Ich spüre, ob ein Kleidungsstück nachlässig oder mit Sorgfalt hergestellt wurde. Ob es den Pulsschlag seines Geschaffenwerdens behalten hat. Wenn ich ein altes Kleid berühre, frage ich mich, welche Rolle dieses Kleidungsstück in einem Leben gespielt hat. Wurde es an einem besonderen Ort gekauft? Aus Liebe geschenkt? Hat es jemanden neidisch gemacht? Die getragenen Kleider bergen Geschichten vom Begehren, das sinnliche Verflechten von Dingen mit Erinnerung. Jedes gebrauchte Teil, und sei es nur ein Schlips, trägt ein kleines Stückchen Welt in sich. Und die Welt ist voll widersprüchlicher Komplexität. Das zeigen meine Kleider und meine Art sie zu kreieren.

Wie kam es zu der Idee?

Nachhaltigkeit, soziales Engagement und Sensibilität für den Zusammenhang von Produkt, Herstellung und Klimawandel ist der rote Faden für mich.

Worauf möchtest Du mit Deinen Kollektionen aufmerksam machen?

Dass jeder Einzelne tatsächlich die Welt verändern kann. An jedem Tag und in jedem Moment. Und dass der Mut dafür nicht groß sein muss, sondern mit jedem ernst gemeinten Schritt wächst. Dafür mache ich Upcycling Workshops im KM13 und habe die Initiative 1+all gegründet. 1+all ist ein interkulturelles Projekt und eine Initiative, um HandwerkerInnen unterschiedlicher nationaler und internationaler Bevölkerungsgruppen über ihre tradierten Kunsthandwerkstechniken in ein Netzwerk einzubinden und gemeinsam eine Kollektion und eine Modenschau zu erarbeiten. Jede Frau, die Lust hat, kann mitmachen. One for all, and all for one!

Was reizt Dich daran, Menschen mit auf die Reise zu nehmen?

Eigene Ideen umzusetzen, ist der erste Schritt für Veränderung. Dazu leite ich in meinen Workshops an. Für mich steckt in jedem Menschen ein Künstler und in jedem künstlerischen Impuls eine Hoffnung auf Veränderung. Wenn wir die Schönheit, die Einzigartigkeit, die Komplexität unserer wunderbaren Erde erhalten wollen, müssen wir sehr viel verändern, und zwar genau jetzt.

„Jedes alte Kleidungsstück ist für mich ein Erkundungsmittel."

BERLIN

BUCHHOLZ

Jedes Produkt von Buchholzberlin ist ein Einzelstück. Für die hochwertigen Möbel werden heimische Hölzer wie Robinie aus Brandenburg verarbeitet und das pflanzengegerbte Leder der Taschen kommt von einem Familienbetrieb aus den bayerischen Alpen. Hinter der kleinen Manufaktur steckt die Passion der Designerin Katja Buchholz. Ihr Herz schlägt für Materialien, die mit der Zeit immer schöner werden und eine Geschichte zu erzählen haben. Katja Buchholz möchte mehr als einen herkömmlichen Showroom. Eher einen Ort, an dem die Holztische, Hocker und Accessoires zum Einsatz kommen, erprobt und gekauft werden können. Ein neuer Ort dazu ist in Planung.

BUCHHOLZBERLIN

www.buchholzberlin.com

Buchholz / Founder

INTERVIEW MIT KATJA BUCHHOLZ

www.buchholzberlin.com

Ihr geht anders mit Holz in Verbindung mit dem Möbel um. Wie kam es dazu?

Das Holz als Rohstoff steht im Vordergrund. Wir wählen für jedes Möbel das Material individuell aus. Die Schönheit und den natürlichen Wuchs des Baumes versuchen wir, nicht zu zähmen, sondern ihm eine Bühne zu geben.
Es bleiben Unikate.

Woher stammen die Hölzer und welche Bäume verwendet Ihr?

Wir verarbeiten ausschließlich regionale Materialien, die mit der Umwelt in Einklang sind. Hergestellt werden unsere Produkte in Zusammenarbeit mit ausgesuchten Betrieben und betreuten Werkstätten in Berlin und im Berliner Umland. Wichtig ist uns der Respekt mit allen Beteiligten in der Produktionskette.

Du bist die Designerin, was hat Dich inspiriert den ersten Tisch dieser Art zu bauen?

Auf Reisen lassen wir uns inspirieren und sind im Austausch mit Freunden auf der ganzen Welt verbunden. Es ist ein Netzwerk, in dem wir Design, Arbeit, Leben und Freunde vereinen.

„Es ist ein Netzwerk, in dem wir Design, Arbeit, Leben und Freunde vereinen.“

CONSCIOUS ...

WELLBEING

BEAUTY

Im Beauty-Kosmos lautet die Zauberformel: weniger ist mehr. Bereits die Steinzeitfrauen setzten auf klares Quellwasser für die Gesichtspflege und ihre Schönheitsrezepte bestanden aus Kieselerde, Kleie, Honig und Ölen. Der krönende Beweis der Naturkosmetik liegt aber natürlich in all den Mythen, die sich um die Schönheit der Kleopatra ranken. Längst hat die Naturkosmetik den Sprung aus der Bio-Ecke geschafft und versprüht den Zauber von „Green Glamour".
Diese Labels haben sich der Green-Beauty-Mission verschrieben und sorgen dafür, dass Kosmetik noch ein Stückchen natürlicher wird:

BINU

Sauber in jeder Hinsicht sind die Naturseifen von Nami und Katharina. Seit 2016 verkaufen die beiden Freundinnen über ihren Online-Shop koreanische Seifen, die in der Manufaktur von Namis Eltern in Korea produziert werden. Die Seifen werden aus 100% natürlichen Rohstoffen hergestellt, wie zum Beispiel Bambusblattpulver oder Bambusblatt-Aktivkohle sowie antibakteriell wirkendem Hinoki-Wasser. Natürlich sind sie tierversuchsfrei und die Verpackung besteht aus recyclebaren Materialien. Ganz nebenbei erwähnt sei, dass Binu nicht nur die Haut zum Strahlen bringt, sondern im Gegensatz zu anderen Seifen auch kein Spannungsgefühl hinterlässt.
Die Seifen sind außer im Onlineshop u.a. im Haut & Sein in der Mulackstraße oder im Rosewater's in der Knesebeckstraße erhältlich.

www.binu-beauty.de

RITUALS

SAINT CHARLES APOTHEKE

Die Saint Charles Apotheke in Berlin Charlottenburg hat wenig mit herkömmlichen Apotheken gemein. Statt Pillen gibt es hier edelste Naturkosmetik. Sie ist ein Ableger der Saint Charles Cosmothecary in Wien, in der unter der Leitung des Apothekers Alexander Ehrmann ethisch und ökologisch hochwertige Kosmetik aus ausschließlich heimischen Kräutern hergestellt wird. Heraus kommt eine Kombination aus Naturheilkunde und klassischer Pharmazie.

Pariser Straße 20
10707 Berlin
Tel: 030 88725300
www.saint-charles.eu/berlin/
Montag – Freitag 8.00 – 19.00 Uhr
Samstag 9.00 – 16.00 Uhr

TREAT COLLECTION

Dass Nagellack nicht gleich pures Gift sein muss, zeigt Daniela Mellis mit ihrem Label Treat Collection, das seit einiger Zeit auch in immer mehr Berliner Beauty Shops zu finden ist. Treat Collection verzichtet bei der Herstellung ihrer Lacke komplett auf schädliche Inhaltsstoffe, wie Formaldehyd, Formaldehydharz, Toluol, Dibutylphtalat und Campher. Neben 66 verschiedenen Nagellacken bietet Treat Collection außerdem noch 20 Schattierungen von schadstofffreien Lipglossen und 32 verschiedene Lippenstifte an. Natürlich wurden sämtliche Kosmetika ohne Tierversuche hergestellt und sind zum Beispiel erhältlich bei MDC Cosmetics oder im KaDeWe.

www.treatcollection.com

UND GRETEL

Das junge, preisgekrönte Berliner Label bietet alles, was in eine gut sortierte Schminktasche gehört. Ihre Mission: Die Frauen der Schöpfung mit Schönheitsmittelchen ins Paradies zu versetzen, ganz nach dem Credo: äußerliche Schönmacher mit Tiefenwirkung. Das Geheimrezept der beiden Gründerinnen Christina Roth und Stephanie Dettmann setzt auf die ausschließliche Verwendung von natürlichen Inhaltsstoffen sowie auf eine ethisch korrekte und nachhaltige Herstellung. Auf der Zutatenliste stehen anstelle von chemischen Stoffen Muskatellersalbei, Lindenblüten, Kamille und verschiedene Kräuterextrakte. Doch das ist nicht alles. Ob der nostalgische, märchenhafte Markenname Und Gretel oder Produktnamen wie der Lipgloss „Knutzen“ – hier schwirrt überall ein magischer Zauber umher. Genauer gesagt die gewisse Portion Glamour, die bislang in der Naturkosmetik unauffindbar war. Dementsprechend ist auch das Packaging zum Verlieben schön und könnte als ein Duett aus Bauhaus-Design und Pastell beschrieben werden. Und sowieso: die Farbpalette der Und-Gretel-Produkte ist alles andere als öko und variiert von Raspberry über Lilablau bis Nude und bleibt trotzdem den natürlichen Inhaltsstoffen treu. Und genau das macht Und Gretel zu dem, was es ist.

UND GRETEL

Winsstraße 62 – 63
10405 Berlin Prenzlauer Berg
Tel: 030 28096881
www.undgretel.com/de

TAGAROT
TAGAROT
TAGAROT LIPSTICK
LIETH
LIETH

INTERVIEW MIT

CHRISTINA & STEPHANIE

Christina Roth

Stephanie Dettmann

Founders

Lange wurde Naturkosmetik in die gleiche Ecke gestellt, wie Achselhaare und Reformhäuser. Erst in den letzten Jahren ist ein Umdenken zu spüren und neue Marken entstehen, wie UND GRETEL, die natürlich und sexy verbinden. Was passiert gerade mental in diesem Bereich?

Viele Menschen sind auf der Suche nach Authentizität. Das Konsumverhalten hat sich geändert. Sie wollen gute Produkte – nicht viel, sondern das Richtige.

UND GRETEL trifft absolut den Nerv des aktuellen Zeitgeistes. Dekorative Premium-Kosmetik in einem Fashion-Kleid, aber mit reiner Seele – sich intuitiv für das Richtige zu entscheiden, ohne Kompromisse eingehen zu müssen. Endlich muss „frau“ sich den Naturkosmetik-Lippenstift nicht mehr unter „vorgehaltener Hand“ auftragen.

Was ist das Besondere an UND GRETEL?

Es handelt sich hier um Profi-Make-up mit gutem, natürlichem Inhalt, BDIH-zertifiziert.

Wir haben eine Palette hochpigmentierter, lang haftender Farben mit luxuriösen Texturen. Durch die natürlichen Pigmente in Kombination mit wertvollen Wachsen und Ölen bekommen die Farben Brillanz und Tiefe.

Die pflegenden, heilenden und ausgleichenden Wirkweisen der Inhaltsstoffe haben ihren Ursprung in der Natur. Kombiniert werden sie mit den reinsten Mineralpigmenten, pflanzlichen Weichmachern und Wachsen. Wir verzichten ganz bewusst auf umstrittene und giftige Inhaltsstoffe, wie organisch-synthetische Farbstoffe, synthetische Duftstoffe, Silikone, Parabene, Paraffine und andere Erdölprodukte, die in den konventionellen, dekorativen Kosmetikprodukten verwendet werden.

Inwiefern ist Berlin eine Inspiration für Eure Linie? Woher holt Ihr Euch Eure Inspiration?

Am wichtigsten finden wir Make-up im Fashion-Kontext. Deshalb orientieren wir uns an internationalen Magazinen und den Runways der Modemetropolen. Die Looks sind sehr vielseitig und daraus entstehen dann die neuen Ideen für die Produkte. Ohne Berlin und seine Szene wäre UND GRETEL nicht entstanden, nur der ständig konzentrierte Fluss an Informationen und Inspirationen schafft Rahmen für gute Ideen.

Was habt Ihr für Pläne mit UND GRETEL?

UND GRETEL als junge Marke im Markt gesund wachsen zu lassen. So wie es uns die Natur zeigt.

Bewusst leben, was bedeutet das für Euch?

Bewusst leben bedeutet für uns, auf unsere Umwelt Rücksicht zu nehmen sowie auf die Menschen und die Natur. Darüber hinaus bedeutet es für uns aber auch, unser Bewusstsein zu sensibilisieren und respektvoll mit den verbleibenden Ressourcen der Erde umzugehen.

„Ohne Berlin und seine Szene wäre UND GRETEL nicht entstanden.“

LAB KITCHEN

Noch vor ein paar Jahren schien Essen das neue Feiern zu sein. Nun scheint der Trend zu „Laufen ist das neue Raven" gewechselt zu haben. Morgens, abends und an den Wochenenden sieht man immer mehr Runner durch die Parks und entlang des Wassers laufen. Alleine, zu zweit, aber auch immer öfter in ganzen Scharen und von Musik begleitet. Nicht ganz unbeteiligt daran ist die adidas Run Base, die 2016 am Rande Treptows eröffnet hat und Läufern optimale Trainingsbedingungen sowie eine Community von Gleichgesinnten bietet. Auf 2000 qm gibt es genug Platz für Indoor- und Outdoortraining, einen Concept Store für adidas Running & Training Gear, medizinische Versorgung und Annehmlichkeiten wie gefiltertes Wasser, Duschen, Laufanalysen und jede Menge cooler Leute. Die Stimmung erinnert mehr an einen angesagten Club als an einen Sportverein, womit man wieder bei der These wäre: Laufen ist das neue Raven. Und weil man vom Sport bekanntlich Hunger bekommt, gibt es das LAB KITCHEN, das active food anbietet, zugeschnitten auf die Bedürfnisse der Sportler. Soll heißen, kein Weißmehl, dafür Vollkorn, kein raffinierter Zucker, dafür natürliche Süßstoffe, wie Honig und Datteln, keine Glutamate, sondern natürliche Aromen, wie Gewürze, Kräuter, Miso und Tamari. Es ist Essen für all diejenigen, die danach nicht ins Food-Koma fallen, sondern noch etwas machen wollen, ob das nun Sport, Arbeit oder etwas anderes ist, sei jedem selber überlassen.

RUN BASE & LAB KITCHEN

Schleusenufer 4, 10997 Berlin Kreuzberg
Tel: 030 24048354
www.runbase.berlin/de
Täglich 7.00 – 22.00 Uhr

Lab Kitchen / Filialleiterin

INTERVIEW MIT LISA MÜLLER

Schleusenufer 4

Was ist das Konzept von Lab Kitchen?

Erst mal ist das Lab Kitchen ja ein Teil von der adidas Run Base. Wir verfolgen einen ganzheitlichen Ansatz, der von Sport über Education bis hin zu Food reicht. Das heißt, dass neben den Läufen beispielsweise auch Meditationssessions, Yoga-Kurse und Vorträge angeboten werden. Und eben auch Food. Wir nennen es active food und nicht bio oder vegetarisch oder so. Denn es soll den Leuten helfen Energie zu schöpfen. Nach dem Mittagessen soll man sich wieder fit fühlen und nicht, wie es so oft der Fall ist, in ein Müdigkeitstief verfallen.

Die Speisen sind schon spezifisch auf den Sportler ausgerichtet, aber so, dass es auch für Leute passt, die hier in der Umgebung arbeiten und zum Mittag kommen. Das sind nicht unbedingt alles Vegetarier, denen ist es eher wichtig, dass es abwechslungsreich ist und schmeckt, darum kommen sie.

Es geht mir nicht darum, hier möglichst viele Leute herzubekommen und immer Full House zu haben. Mir ist es wichtiger, mich um die zu kümmern, die da sind und dafür zu sorgen, dass die sich gut fühlen.

Wechselt die Speisekarte täglich?

Die Frühstückskarte nicht, aber für den Lunch überlege ich mir morgens, was ich mache. Wir bekommen das Gemüse aus der Markthalle Neun. Teilweise bestelle ich Sachen, die ich gar nicht kenne und experimentiere. Es ist grün und es schmeckt – das ist doch die Hauptsache.

Wo holst Du Dir Inspiration?

Die drei Monate vor Eröffnung habe ich mich Zuhause eingesperrt, ich war nicht essen, habe mir kein Instagram oder irgendwelche Foodblogs etc. angeguckt. Ich wollte nicht wissen, was gerade Trend ist, sondern was in mir selbst steckt?! Am Anfang gar nichts, doch dann kamen so langsam alte Erinnerungen z.B. von einem Brasilien-Trip oder irgendwas, was ich mal in New York gegessen habe. Gerichte, die noch in mir nachhallten. Meine Speisekarte ist vielleicht nicht die kreativste, aber ich stehe 100% hinter ihr. Es ist Essen, das man im Idealfall fünfmal die Woche essen möchte.

„Wir nennen es active food, denn es soll den Leuten helfen Energie zu schöpfen."

GANT

2009 gründete Thomas Hartwig seine Firma Leogant mit dem Wunsch, Wasser als Grundbaustein eines gesunden Lebens wieder in das Bewusstsein der Menschen zu rücken. Viele seiner Freunde erklärten ihn für verrückt, er selber bezeichnet sich als echten Wasser-Freak. Doch er schaffte es, Wasseraufbereitungssysteme sexy zu machen und gleichzeitig die Leute wieder für Wasser zu begeistern und somit wurde ein Ausspruch von Bruce Lee für ihn zur Lebensmaxime: „Be Water My Friend". Heute spricht Hartwig so leidenschaftlich über Wasser wie andere über Wein oder Autos. Schließlich hat er es geschafft, dass Leogant-Wasser mit Quellwasser frisch von einer Bergquelle vergleichbar ist – ohne dafür Strom, Chemie oder Magnete zu verwenden. Seit 2014 gibt es neben dem Onlineshop außerdem das Leogant Loft in Berlin-Mitte. Ziel war es, einen Raum zu kreieren, an dem sich urbaner Lifestyle, Bewusstsein und Wissenschaft treffen. In dem vegan ausgebauten Concept Store und Showroom finden regelmäßig Dinner Clubs, Ausstellungen und Workshops statt und natürlich gibt es dazu köstliches Wasser.

LEOGANT LOFT

Linienstraße 56
10119 Berlin Mitte
Tel: 030 24048354
www.leogant.de
Montag und Mittwoch – Freitag 10.00 – 13.00 Uhr
Montag – Freitag 14.00 – 19.00 Uhr
Samstag 12.00 – 18.00 Uhr

Leo Gant / Founder

INTERVIEW MIT THOMAS HARTWIG

Linienstraße 56

Was war die Initialzündung für Leogant?

Es gab nicht diesen einen Tag, an dem mir klar wurde, wir setzen diese Idee um. Es haben viele Sachen dazu beigetragen, unter anderem meine Chinareise. Kurz vor der Abreise drückte mir ein Bekannter ein Buch über Wasser in die Hand. Mit diesem Buch bin ich in die chinesischen Berge zum Kung-Fu- und Yoga-Training gereist.

Zurück in Berlin kam die nächste Inspiration durch einen Therapeuten, der mit Wasserrevitalisierung arbeitet. Das war gerade die Phase, in der ich meinen Job verloren haben, und mir ein Jahr Auszeit genommen habe. Ich hatte eine richtige Sinnkrise. Nach zehn Jahren in der Gastronomie habe ich mich gefragt, ob ich weiterhin immer nachts arbeiten und den Leuten weiterhin Alkohol verkaufen möchte.

Ich habe mich danach gesehnt, einen positiven Beitrag zur Entwicklung der Welt zu leisten.

Auch mit dem Kung-Fu- und Yoga-Training war ich auf einem anderen Level angekommen. Es ging nicht länger darum zu trainieren, sondern zu überlegen, wie kriegen wir meinen Körper reiner und kraftvoller. Die Antwort war Wasser. Die Kombination aus den Erfahrungen, die ich in China gesammelt habe, meiner Sinnkrise, dem Kung-Fu- und Yoga-Training, hat ein neues Fenster in meinem Kopf geöffnet. Mir wurde klar, dass ich etwas Eigenes machen muss.

Was war die größte Herausforderung?

Die Herausforderung war bzw. ist es, etwas in das Bewusstsein der Leute zu rücken, was von ihnen als selbstverständlich angesehen wird.

Das Problem ist, dass wir als Zivilisation den Kontakt zu Wasser verloren haben, seitdem es nicht mehr vom Brunnen geholt werden muss. Wir drehen den Hahn auf und nehmen es als gegeben. Noch haben wir Wasser im Überfluss und vergessen, wie wichtig dieses Element für uns ist.

Mein Wunsch ist es, dieses Bewusstsein wieder zu schaffen und gleichzeitig Gesundheit zu bringen. Wenn Leute Wasser und auch ihre Gesundheit wieder wertschätzen, dann verhalten sie sich anders. Sie gehen anders einkaufen, sie leben anders, sie wählen anders.

Damit leiste ich einen Beitrag, der die Gesellschaft ganz langsam verändert und tue gleichzeitig der Umwelt etwas Gutes.

Was würdest Du anders machen?

Das Einzige was ich definitiv anders machen würde, wäre mich weniger zu sorgen. Ich habe drei Jahre meines Lebens verloren: Beziehungen sind zerbrochen, ich hatte schlaflose Nächte, Existenzängste und Zweifel.

Erinnerst Du Dich an ein schönes Erlebnis mit einem Deiner Kunden?

Jede Menge! Das geht los mit Kindern, die das Wasser immer „das Goldwasser“ oder „das Zauberwasser“ nennen.

Oder die Katze einer Freundin, die normalerweise alles verschmäht, was ihr in einer Plastikschüssel serviert wird. Ist in dieser Plastikschüssel jedoch das gefilterte Wasser, springt sie dafür sogar auf Schränke um einen Schluck zu bekommen.

Dann gibt es noch viele Geschichten von Leuten, die gesundheitliche Probleme haben und die mir erzählt haben, dass Hautausschläge zurückgehen etc.

Doch das häufigste Feedback, dass ich bekomme, ist, dass Leute wieder richtig Lust auf Wasser haben.

„Ich habe mich danach gesehnt, einen positiven Beitrag zur Entwicklung der Welt zu leisten.“

B E R
Y O

Dem Berliner Großstadvibe in eine Yoga-Oase entfliehen – aber wohin nur?
Berlin's Yoga Studios, the best of the best.

Auch in Berlin gehört die Yoga-Matte im Gepäck ohne Frage zum Straßenbild. Das Angebot ist geradezu berauschend: ob schweißtreibend, sinnlich, spirituell, musisch oder traditionell, für jede Stimmung ist etwas dabei.
Patricia Staffa, Gründerin des Lifestyle-Blogs YOGATONIC hat es geschafft eine nachhaltige Balance in ihr Leben zu bringen. Nach Stopps in London, New York und Zürich sowie einem Alltag als Rechtsanwältin hat sie die „Fronten" gewechselt, man könnte es auch eine nachhaltige Erlösung nennen. Auf YOGATONIC, dreht sich alles um Ernährung, Healthy Living, Inspirationen und natürlich um Yoga. Patricias Mission: Andere dazu inspirieren sich Gutes zu tun. Hier verrät sie uns ihre Geheimtipps rund um die Yoga-Szene Berlins.

Ich entscheide mich spontan nach individuellen Bedürfnissen, mal schreit es nach einem bestimmten Lehrer, mal nach einem ausgefallenen Studio. Die Auswahl an Yoga-Studios und inspirierenden Yoga-Lehrern ist beeindruckend. Hier meine Studio-Favoriten:

www.yogatonic.de

L I N G A

YOGA STUDIOS

SPIRIT

Spirit Yoga gehört mit drei Studios zu den Etablierten in Berlin. Jedes der Studios überzeugt mit herrlichen Räumlichkeiten. Ob am Hackeschen Markt oder im Westen, die großzügigen Räume heißen einen auf der Matte mitten im Getöse der Großstadt willkommen. Das stündliche Kursangebot von meist dynamischen Vinyasa-Flow-Klassen ist toll. Spirit Yoga ist ein Muss für jeden Flow-Liebhaber in großstädtischem Ambiente.

Studio Mitte:
Rosenhöfe, Mitte
Studio West:
Goethestr. 2-3, Charlottenburg
Studio Zehlendorf:
Martin-Buber-Str. 23, Zehlendorf
www.spirityoga.de

SKY YOGA

Bei yoga sky ist der Name tatsächlich Programm. Während einer Shiva-Shakti-Stunde blickt man in den Berliner Himmel. Der Gründer, Ananda Leone, unterrichtet seinen eigens entwickelten Yoga Stil. Dieser verbindet jahrtausendealtes, aus indischen Yogatraditionen stammendes Wissen mit modernen Erkenntnissen. Eine tolle Mischung aus Atmung, Meditation und Asanas, ideal für jeden, der es sinnlich spirituell mag.

Am Tempelhofer Berg 7D, Kreuzberg
www.yoga-sky.de

B E R
Y O

YOGA TRIBE

Yogatribe wurde mit viel Liebe zum Detail ausgebaut, so dass es zu einem ganz besonderen Ort herangewachsen ist. Die frischen hellen Räume haben eine besondere Aura, ideal für einfühlsame Anusara-Yoga-Klassen.

Neue Schönhauser Str. 16, Mitte
www.yogatribe.de

PEACE YOGA

Bei Peace Yoga kann man nicht nur schweißtreibende Jivamukti-Stunden besuchen, sondern auch herrliche Yin-Yoga-Stunden in großzügigen Räumen probieren. Wer gern mit Musik schwitzt, sollte Peace Yoga nicht verpassen.

Glogauer Str. 19, Kreuzberg
www.peaceyoga.de

YOGI BAR

Die Yogibar in Friedrichshain ist ein familiär geführtes Studio mit dem Herz am rechten Fleck. Die Gründerin Helene Meyer versteht es wunderbar, ein stylisches Studio mit Tiefgang zu führen. Das Angebot ist vielseitig, wobei der Fokus bei Hatha-Yoga-Stunden liegt. Wer gerne sinnlich Hatha-Klassen in familiären und stylischen Studio mag, ist hier richtig aufgehoben.

Boxhagener Str. 31, Friedrichshain
www.yogibar.de

L I N G A

JIVAMUKTI YOGA BERLIN

Jivamukti in Berlin kommt dem Jivamukti Studio in New York City nahe. Bei internationalen Lehrern und lauter Musik kommt man in den loftartigen Räumlichkeiten an beiden Standorten ziemlich ins Schwitzen.

Brunnenstr. 29, Mitte
Oranienstr. 25, Kreuzberg
www.jivamuktiberlin.de

YOGA SCHOOL BERLIN

Die Räumlichkeiten tun sich im verzauberten Hinterhof gleich um die Ecke vom Hermannplatz auf. Dynamisch fließende Yoga-Stunden mit fundierten Anleitungen machen bei Yoga School Berlin große Freude.

Hasenheide 8, Kreuzberg

B E R

Y O

CHIMOSA

Kampfkunst mit Yoga kombiniert ist einfach eine ziemlich gute Abwechslung. Neben klassischen Flow-Yoga-Stunden, werden sogar ‚Boxing Yoga' Klassen angeboten. Chimosa ist super familiär und lässt einen das Großstadtgetümmel mal kurz vergessen.

Linienstraße 127, Mitte

NEW DELI YOGA

New Deli Yoga ist ein wunderbarer Deli für den individuellen Mittagstisch, und an manchen Abenden unter der Woche verwandelt es sich zu einem Yoga-Studio mit einem kleinen Angebot an Hatha-Yoga-Stunden. Unbedingt ausprobieren, denn dann ist man im Wrangelkiez definitiv angekommen.

Falckensteinstraße 37, Kreuzberg
www.newdeliyoga.tumblr.com

L I N G A

Nicht verpassen sollte man neben den Studios besondere Lehrer. Dazu gehört definitiv Eva Kaczor (www.facebook.com/yogainberlin/). Wenn sie nicht gerade um die Welt tourt, dann unterrichtet sie ihre Klasse wöchentlich in den Räumen der etablierten Kunstgalerie König. Ähnliche Freude habe ich an den Stunden mit Melanie von Sass (www.melanievonsass.de) auch in eigenen Räumen. Nach einer Mischung von dynamischen Flow-Klassen und Kundalini bin ich total beseelt. Nicht zu vergessen Shirin Ourmutchi (www.shirinourmutchi.com), sie bietet mit ihren Soul-Flow-Yoga-Stunden in Ihrem Zuhause eine besondere Möglichkeit in die Tiefe der eigenen Yoga-Praxis sinnlich einzutauchen. Wenn Anusara-Yoga, dann liege ich gerne bei Annette Söhnlein (www.annettesoehnlein.com) auf der Matte, behutsam weiß sie was gut tut. Auf der Suche nach einer Kundalini-Klasse darf man Kathleen Kloss (www.spirityoga.de) keinesfalls verpassen. Besonders gerne habe ich auch Khorshid Amir (www.rawsource.co), sie unterrichtet wöchentlich im District Coffee kraftvolles, fließendes und dynamisches Vinyasa Flow, das Körper, Seele und Geist verbindet. Nicht zu vergessen Ewelina Bubanja (www.holisticyogaberlin.com), ihr Unterricht in ihrer eigenen kleine Oase 'Holistic Yoga Berlin' entschleunigt vermittelt fundierte Hatha-Yoga mit Schwerpunkt auf bestimmte Körperpartien.

K U N D
Y O

Die Herzensangelegenheit von Kundalini Yoga nach Yogi Bhajan, der die Lehren in den 60er-Jahren in den Westen brachte, ist das Erwecken von eigenen Potenzialen. Es ist Bewegung, Work-Out und Selbsttransformation in einem. Dabei werden nicht nur die Muskeln und das Nervensystem gestärkt, es geht auch um den Umgang mit Lebensherausforderungen, die Entdeckung von Freude und wie man die eigenen Erwartungen übertreffen kann. Man spricht im Kundalini Yoga von „Happiness is your birthright“, das Erwecken eines einzigartigen Glücksgefühls!

Kundalini Yoga baut auf den Grundsätzen des ursprünglichen Yoga auf, doch es beinhaltet mehr als nur Asanas (Übungen): Auch Mantras, Mudras (energielenkende Hand- und Körperhaltungen) sowie Pranayama (Atemtechniken) sind entscheidende Elemente. Genauer gesagt, sind diese Elemente ausschlaggebend für die schnelle Wirkung. So ist es in nur 3 bis 11 Minuten möglich, eine Veränderung im eigenen Seinszustand zu erfahren. Man bezeichnet das Kundalini Yoga daher auch als den Ferrari des Yoga, denn keine andere Yoga-Form bringt einen so schnell ans Ziel. Und – jeder kann es praktizieren, selbst wenn man sich für ungelenkig hält.

A L I N I
G A

NISHAN
PANCH

Wer in Berlin eine Kundalini-Yoga-Erfahrung machen möchte, ist bei Panch Nishan genau richtig. Die Amerikanerin mit ihrer ruhigen leuchtenden Ausstrahlung ist KRI, zertifizierte Kundalini-Yoga -Lehrerin, und unterrichtet seit 16 Jahren an Universitäten, auf Yoga-Festivals und White Tantric Camps in der ganzen Welt. Sie studierte direkt unter dem Master of Kundalini Yoga Yogi Bhajan und hat sich auf Yoga für Frauen, Schwangere, Beziehungen und zur Burnout-Vorbeugung spezialisiert.

In Berlin unterrichtet sie in der Massage-Praxis in Friedrichshain, bei Jivamukti in Kreuzberg und hält Pop-Up-Klassen in Schöneberg.

Mehr zu ihren Klassen und Workshops unter: www.panchnishan.com

Panch Nishan / Founder

INTERVIEW MIT PANCH NISHAN

www.panchnishan.com

Wie bist Du zum Kundalini Yoga gekommen?
Ich war 19, studierte an der Uni in San Francisco und war auf der Suche nach meinem Weg. Als ich Kundalini Yoga entdeckte und anfing zu praktizieren, wusste ich, jetzt bin ich zu Hause. Ich habe das gefunden, wonach ich gesucht habe. Kundalini Yoga war der Schlüssel zu meinem ICH!

Was macht Kundalini Yoga so besonders?
Es ist sehr spezifisch. Es gibt tausende Übungen, die alle auf eine andere Wirkung abzielen. Meditationen, Atemtechniken oder Kriyas (eine Serie von Übungen) sind auf Befreiung von Sorgen, Stressreduzierung, Depressionen, bessere Kommunikation oder die Heilung eines gebrochenen Herzens ausgerichtet.
Für jedes Problem gibt es eine Lösung im Kundalini Yoga. Natürlich bereitet die Ausübung mehr Aufwand, als sich einfach eine Tablette einzuwerfen, doch dafür ist das Ergebnis ganzheitlich und bringt keine Nebenwirkungen mit sich.
So ist Kundalini Yoga ein Hilfsmittel für das alltägliche Leben, welches das klassische Yoga von der Matte in einen Lifestyle der Selbstwahrnehmung verwandelt.

„Healthy, Happy, Holy!"

Welche Praxis kann man leicht in seinen Tag integrieren, um sich balanciert, zentriert und gesund zu fühlen?
Atemübungen sind wunderbar, um schnell den eigenen Zustand des Seins zu verändern und können dazu auch noch zu jeder Zeit und an jedem Ort ausgeübt werden. Eine meiner Lieblingsübungen ist die Acht-Sekunden-Atmung. Man atmet acht Sekunden ein und acht Sekunden aus. Normalerweise atmen wir zwei Sekunden ein und zwei Sekunden aus, unter Stressbedingungen ist es sogar noch kürzer. Wenn wir die Ein- sowie Ausatmung auf acht Sekunden verlängern, fokussieren wir uns auf unser eigenes Ich, machen unseren Geist frei und lenken unsere Emotionen auf ein bewussteres Handeln. Probiere es am besten in der nächsten Stresssituation aus und du wirst merken, wie Angst oder unkontrollierte Emotionen das klare Denken und bewusste Handeln einschränken. Diese Übung zaubert die Probleme natürlich nicht weg, doch es stoppt die Impulse, die das Durcheinander in Stresssituationen in uns auslösen.

Was bedeutet für Dich „Conscious Living"?
Bewusst zu leben heißt für mich, eine Intention zu haben, vor allem mit Fokus auf Herz und Geist. Es ist eine Lebensweise, in der man für mehr als nur für sich lebt und sich vor allem über seine Entscheidungen und deren Folgen bewusst ist.

Dein Mantra für 2017:

„Ich bin bereit!“. 2017 ist ein Jahr, in dem königlicher Mut gebraucht wird. Ein Jahr, in dem wir ja sagen und unseren Ängsten begegnen müssen, um bereit zu sein, wofür uns die Welt braucht. Es ist Zeit, das zu tun, was uns einschüchtert, außerhalb unserer Komfort-Zone zu leben und unser Potenzial, mit dem wir geboren sind, auszuleben. Wir sind in dieser Zeit geboren, um uns den Freuden und Herausforderungen zu stellen, die sie mit sich bringt.

Was sind Workshop-Themen, an denen du in 2017 arbeitest?

Liebe, Selbstvertrauen, Intuition, Frauen und Sexualität. Aktuell entwickele ich die Workshop Serie „4 Elemente der Liebe“, wo es um Vertrauen, Vergebung, Güte und Mitgefühl geht.

„Bewusst zu leben heißt für mich, eine Intention zu haben, vor allem mit Fokus auf Herz und Geist.“

Annette Fahrtmann / Founder

INTERVIEW MIT ANNETTE FAHRTMANN

Babelsberger Straße 40

Wie bist Du zum Kundalini Yoga gekommen?

2013 nach meiner ersten Kundalini-Yoga-Stunde mit der international bekannten Kundalini-Lehrerin Gurmukh Kaur Khalsa war ich total begeistert. Ich spürte sofort eine so unmittelbare Freude und seitdem ist das Feuer der Neugier stetig gewachsen.

Und wann kam es dann zu der Yoga-Ausbildung?

Nicht so viel später. Ich wusste einfach: Kundalini Yoga ist mein Yoga, in dem sich alles, woran ich glaube, verbindet. 2016 konnte ich die Ausbildung dann über einen Monat intensiv bei internationalen Masterteachern in Frankreich machen. Das war für mich persönlich eine einzigartige Erfahrung, die mich zu mir selbst geführt und an meine Grenzen gebracht hat und die ich nur empfehlen kann.

Ein Monat klingt erst einmal zeitlich machbar.
Yogi Bhajan, der das Kundalini in den Westen brachte, wünschte sich die Lehre des Herzens maximal zu verbreiten und gestaltbar neue Lehrer weltweit auf den Weg zu bringen. Der Kundalini-Verband 3HO unterstützt, vereint und koordiniert sein Erbe in der westlichen Welt und alle Aktivitäten wie die Ausbildungen.

Warum ist Kundalini Yoga heute so wichtig?

Ich bin überzeugt, dass unsere Gesellschaft nur gesund funktionieren kann, wenn jeder Mensch in sich selbst zu Hause ist und sich wohl fühlt. In der heutigen Zeit sind wir immer wieder von uns abgelenkt, in unseren Gedanken und Mustern verstrickt und haben oft den Kontakt zu uns, zu unserer Seele verloren.
Jede Kundalini Yoga Kriya (Übungsreihe) unterstützt dich, auf direktem Weg „wieder" bei dir anzukommen. Es gibt für jeden körperlichen sowie geistigen Aspekt und uns eine passende Kriya, um die Blockade zu lösen und die Energie wieder in den Fluss zu bringen.

Was ist die Essenz des Kundalini Yogas?
Im Kundalini Yoga ist das Wichtigste deine Erfahrung. Sie geht direkt ins Herz. Keine Worte können diese Erfahrung ersetzen.

Unterrichtest Du?
Ja, ich habe jetzt eine regelmäßige Klasse am Samstagvormittag.

www.a-fahrtmann.de

„Sei glücklich – gesund und liebe dein Leben!“
Yogi Bhajan

HEAL

MARI NIL

Den Auftakt ihrer energetischen Arbeit hatte die Künstlerin Mari Nil 2000 mit einer Serie an Heil-Performances „Salubrious work“: In kleiner Gruppe und privater Atmosphäre hilft sie den Teilnehmern durch Meditation und „Angel Drawings“, die Darstellung von himmlischen Freunden und Begleitern im Energiefeld, eine Verbindung zu Blockaden im Körper und seinem Energiefeld herzustellen. Sie leitet Meditationsgruppen, Seminare, Retreats und gibt Einzelsitzungen. Karmische Muster und Ängste sind für Mari Nil als Felder in der Aura zu sehen und können erlöst werden – und damit auch oft undefinierbare Schmerzen an Körper, Seele und Geist heilen. 2011 veröffentlichte sie ihr erstes Buch.

www.mari-nil.de

BETTINA HALLIFAX

Als Journey Practitionerin, inspiriert durch „The Journey – Der Highway zur Seele“ von Brandon Bays, und Conscious Coach, begleitet Bettina Hallifax Menschen in maßgeschneiderten Einzelsitzungen dabei, dem inneren Kind zu begegnen, mit alten Verletzungen abzuschließen und sich selbst zu finden. Ihre Motivation ist es, so viele Menschen wie möglich dabei zu unterstützen, den Reset-Knopf zu drücken, sich innerlich frei zu fühlen und das Leben in all seinen Facetten zu leben, erfahren und genießen.

www.reset-neustart.de

E R S

SHUNYA

Wir alle haben in uns eine Verbindung zum Göttlichen, eine innere Weisheit, die uns führt. Diese innere Stimme ist fein und liebevoll, doch nicht alle von uns sind gewohnt, in klarer anhaltender Verbindung mit ihr zu sein. Wenn wir unter Druck kommen, kann es deshalb leicht geschehen, dass wir den Kontakt zu unserer inneren Führung verlieren. Wir entbehren den inneren Halt und fühlen uns orientierungslos und verloren. Hier kann ein Reading mit Jeanette Riesch-Seitler wegweisend sein und helfen, den Hintergrund der Situation zu erkennen und sichtbar zu machen, was zu tun ist und was man wirklich will. Als Medium hat Jeanette Riesch-Seitler die Fähigkeit, Ihre innere Weisheitsstimme zu lesen und ihr eine hörbare Stimme zu geben. Die eigene Wahrheit klar ausgesprochen zu hören, hat eine tiefgreifende Wirkung. Sie fühlen Ihre Verbindung zur Quelle wieder. Die gehörten Antworten machen tiefen Sinn und Sie gewinnen Klarheit und Stärke zurück. Die kostbare und heilsame Wirkung des Readings liegt in der Rückverbindung zum eigenen makellosen Wert, zur eigenen Vollkommenheit.

Termine für monatliche Readings in Berlin unter www.amor-mundi.de
Kontakt für private Skype-Sessions unter: JeanetteRiesch@aol.com

ULRIKE V. SCHRADER

Ulrike von Schrader bietet Thetaheilung an. In einer Thetasitzung liest sie in der Akasha-Chronik, deckt Blockaden auf und transformiert diese auf allen 5 Ebenen. Eine Sitzung dauert ca. 1 – 1,5 Stunden und kostet 120 Euro.

Qua Insights UG
www.qua-insights.de

INTERVIEW MIT TANIA MARIA NIERMEIER

Tania Maria Niermeier / Founder

Wartburgstraße 41

Tania Maria Niermeier arbeitet seit 26 Jahren als spirituelle Beraterin und betreibt darüber hinaus eine Hexenschule. Dort begleitet sie ihre Schüler/innen auf allen Ebenen zu ihren individuellen Gaben und führt sie in die Werkzeuge und schamanischen Praktiken ein. Sie bezeichnet sich als eine Hexe des Herzens und der lichten Seite der Magie. Tania Maria stammt aus einer Hexendynastie, schon ihre Großmutter war eine bekannte praktizierende Hexe in Bayern.

Liebe Tania, was erhalten Menschen, wenn sie zu Dir kommen?

Eine Rundum-Beratung auf allen Ebenen für den Körper, den Geist und die Seele.
Dazu gehe ich in mein höheres Selbst und verbinde mich mit meiner Akasha-Chronik und weiter mit der Akasha-Chronik meines Klienten und schaue von dort aus in seine Vergangenheit, Gegenwart und Zukunft, um dann in sein tiefstes Inneres zu blicken.
Dann erblicke ich, welche Informationen er an dem Punkt im Leben brauchen und tragen kann und versuche ihm damit einen Plan zu erstellen. Eine Sitzung dauert eine gute Stunde.

Du betreibst auch eine Hexenschule. Was für ein Publikum zieht das an? Was erwartet mich da?

Viele kommen auch aus heilenden Berufen und suchen das als Erweiterung ihrer Arbeit. Es kommen auch zahlreiche Menschen, wie z.B. manche Künstler, die vor Brüchen in ihrem Leben stehen und nunmehr eine Bewusstseinsarbeit mit sich suchen, um neu mit dem Leben umzugehen.

Was sind die Kriterien für die Aufnahme?

Die Bereitschaft an seinem Leben etwas zu ändern und dass man psychisch nicht zu instabil ist. Wenn einem die Kraft und Stärke fehlt, eine Konfrontation mit dem Unterbewusstsein und

seinen tieferen Schichten zu handeln, liegen noch andere Schritte vor ihm. Das sehe ich und entscheide intuitiv, wer passt und dranbleibt.

Gibt es Formate Dein Angebot zu testen?

Es gibt Themenabende über 1–2 Stunden, damit man kleine Einblicke gewinnen kann. Zum Beispiel wie man Häuser und Orte wieder in Balance bringen und geomagnetische Störungen ausgleichen kann. Schamanische Reisen macht man erst ein paar Kurse später, wenn ich das Gefühl habe, dass der Teilnehmer damit umgehen kann.
Abendkurse über 1–2 Stunden kosten 45 Euro, halbtägige Wochenendkurse 120 Euro.

Was macht eine moderne Hexe aus?

Sie kann in Gleichgewicht und Balance mit allen Lebewesen sein und das auch weitergeben, das Leben auch in Bäumen und Pflanzen erkennen und auch Ihre Kräfte zur Heilung nutzen.

„Den Lebensweg mit Herzoffenheit, Geduld und Annahme ohne Erwartungen zu gehen.“

Welchen Rat möchtest Du heute Menschen geben, die sich auf den Weg begeben?

Den Lebensweg mit Herzoffenheit, Geduld und Annahme ohne Erwartungen zu gehen.

Nicht mehr das Bedürfnis haben, alles kontrollieren zu wollen und das Herz bei jeder Kleinigkeit und Konfrontation mit der Angst wieder zu schließen.

Hat sich unsere Gesellschaft spirituell auf den Weg gemacht?

Ich sehe über meine 26 Jahre Arbeit schon, dass es mehr Offenheit gibt, sich zu ändern und sich auf den Weg zu machen. Die Gesellschaft spaltet sich aber auch zunehmend. Wir brauchen viele bewusste Menschen in unserer Gesellschaft.

Wir leben in Berlin als einem Ort, an dem sich kreatives, künstlerisches, internationales und freiheitsliebendes Leben zusammenfindet. Leidenschaft für unsere Produkte und vor allem das Interesse an den Bedürfnissen unserer Kunden sind unsere Motivation.

Im kreativen Umfeld Berlins sind wir immer auch dem Neuem auf der Spur, seien es technische Innovationen, die klassisches Design ergänzen, oder unerwartete Materialkombinationen bzw. neue Verwendungen für Bekanntes.

Unser Team ist aktiver Teil dieses Umfeldes, das Innovatives ausprobiert, Gutes bewahrt und inspirierende Wohn- und Arbeitsformen auslebt. Eine offene Haltung zu Neuem und Unbekannten ist uns das Wesentliche – von Berlin aus sind wir durch Freude am Reisen und unserem gewachsenen Netzwerk international verbunden.

TANIA MARIA NIERMEIER

www.die-hexenschule.com
Telefon: 030 7816277
taniamaria.niermeier@gmail.com

CONSCIOUS ...

COMMUNITY

PRINZESSINNEN GARTEN

Zweispurig sausen die Autos im Kreisverkehr um den Moritzplatz, Fahrräder klingeln, Menschen hetzen und rempeln, doch kaum betritt man das Tor zum Prinzessinnengarten, rückt der Lärm des Berliner Alltags in weite Ferne. Wo einst der Müll sich stapelte und Unkraut wucherte, gedeiht heute einer der schönsten Gärten der Stadt. Aus einer ungenutzten Brache machten die Gründer Robert Shaw und Marco Clausen ein Paradies für alle.
Hier kann man mit anpacken beim Gemüseanbau, zu Mittag essen im Schatten der Scheinakazien, entspannen beim Imkern oder sich bei einem der zahlreichen Workshops weiterbilden.
Projekte wie der Prinzessinnengarten prägen das Bild Berlins als eine Stadt der Freiräume und Möglichkeiten. Bürgermeister aus der ganzen Welt reisen an, um sich am Beispiel des Gartens anzugucken, wie Freiräume genutzt und das Image der Stadt aufgewertet werden kann. Berlin gilt vielen als Vorbild, doch wie wird das in Zukunft sein?!

PRINZESSINNENGARTEN

Prinzenstraße 35 – 38
10969 Berlin Kreuzberg
prinzessinnengarten.net
Das Gartencafé öffnet täglich ab 11.00 Uhr
Der Garten öffnet täglich ab 10.00 Uhr
(mit Ausnahme von richtig schlechtem Wetter)

INTERVIEW MIT

MARCO

Marco Clausen & Robert Shaw Founders

Ein Gespräch mit Marco Clausen über seine und Robert Shaws Idee und die schwindenden Freiräume der Stadt.

Wie kamt Ihr dazu, den Prinzessinnengarten ins Leben zu rufen?
Robert hat auf einer Reise nach Kuba die urbane Landwirtschaft entdeckt. Dort bauen viele Leute seit den 90er-Jahren ihr Gemüse auch in den Städten an. Robert suchte nach einer Möglichkeit sein Leben zu verändern und kindgerechter zu gestalten. Ich hatte viele Jahre Gastro-Erfahrung und interessierte mich für die gemeinschaftliche Gestaltung urbaner Räume. Dann haben wir gemeinsam ein halbes Jahr die Idee des Prinzessinnengartens entwickelt.

Ihr habt ja weit mehr geschaffen als einen Garten, was steckt dahinter?

Die Idee dieses und anderer urbaner Gärten ist es, gemeinsam Orte zu schaffen, an denen Anwohner, Interessierte sowie Besucher sich treffen, um gemeinsam etwas zu erschaffen und sich austauschen. Damit wollen wir gleichzeitig einen Dialog anstoßen zu Themen wie dem bewussten Umgang mit Ernährung, mit Ressourcen, mit der Natur und der Zukunft und dem Zusammenleben in unseren Städten. Deswegen sind der Garten und auch die im letzten Jahr gegründete Nachbarschaftsakademie mit Möglichkeiten der Teilhabe, mit Kursen, Workshops und öffentlichen Veranstaltungen auch als Orte eines solchen Austausches und gemeinsamen Lernens gedacht.

Was braucht Berlin von Seiten der Politik, um als außergewöhnliche Stadt oder als „etwas andere Stadt" weiterexistieren zu können?

Eine Stärke der Stadt Berlin, die ja auch hin und wieder als Stadt des Scheiterns bezeichnet wird, und ihrer Bewohner war es bisher, das vermeintliche Misslingen herkömmlicher Planungen und Entwicklungen auch als Chance zu begreifen, um aus der Initiative der BewohnerInnen heraus Freiräume entstehen zu lassen, die einen anderen Umgang mit Zeit, Arbeit und Raum ermöglichen. Was auf diese Art entsteht, entspricht vielleicht nicht professionellen Anforderungen, aber es wächst organisch aus den Bedürfnissen und Ideen der Beteiligten. Erleichtert wird dies dadurch, dass die BerlinerInnen selbst eine hohe, vielleicht etwas schnoddrige Toleranz gegenüber solchen Orten auszeichnet.

Diese Freiräume und die Möglichkeit kreativ und selbstbestimmt zu leben und zu arbeiten, ziehen Menschen aus der ganzen Welt nach Berlin und machen die Stadt zu dem, was sie ist. Allerdings verlieren wir zunehmend diese Freiräume und immer weniger Leute können es sich leisten, etwas Neues zu schaffen, das nicht nur dem Erzielen von Profiten dient. Ein Grund dafür sind die steigenden Mieten. Zum einen war es früher möglich, sich Zeit zu nehmen, um Dinge auszuprobieren. Zum anderen werden immer mehr Menschen, Projekte und auch kleines Gewerbe verdrängt. Berlin droht das zu verlieren, was es ausmacht: Freiräume und eine Chance für alle, in der Stadt zu leben und sie mitzugestalten.

> „Ein Ort, wo Anwohner und Besucher sich treffen, um gemeinsam etwas zu erschaffen und auszutauschen."

E S C A

EHMKENDORF

WILDKRÄUTERHOTEL

Lavendel, Basilikum, Thymian – betörend duften die Kräuter aus dem Garten des Hotels Nadin Fischer, die 2013 das Hotel von ihrer Mutter übernommen hat. Diese träumte davon, ihre Leidenschaften mit anderen zu teilen und hat so 2007 das Wildkräuterhotel eröffnet. Auf Wildkräuterspaziergängen und bei gemeinsamen Kochabenden profitiert man vom umfangreichen Wissen auf diesem Gebiet. Dazu bietet Nadin zwei- bis dreitägige Yoga-Veranstaltungen an, die sich unterschiedlichen Themen und Schwerpunkten widmen.

Nr. 20
18195 Stubbendorf / OT Ehmkendorf
Tel: 038228 61410
www.ehmkendorf.de
Preise: DZ ab 39 Euro p.P.

TREEHOUSE

THE URBAN

Am Rande Berlins, nur wenige hundert Meter vom Badesee Krumme Lanke entfernt, verstecken sich zwei Baumhäuser in den Wipfeln. Initiiert wurde dieses ungewöhnliche Bauprojekt von Enkel und Großvater Stegemann, die mit ihrer Idee einen Ort zum Nachdenken, Perspektive wechseln und Kräfte sammeln schaffen wollten. Und tatsächlich, wer einmal die Stufen in die luftigen Höhen erklommen hat, wird merken: manchmal braucht es keine lange Reise, um einen anderen Blick auf die Dinge zu bekommen. Auch muss man bei einem Aufenthalt in den Baumhäusern seine Komfortzone nicht verlassen. Im Gegenteil, eine Sauna, eine vollausgestattete Küche, W-Lan und kuschelige Betten befriedigen alle Bedürfnisse.
Wem der Aufenthalt so gut gefallen hat, dass er mehr davon möchte, der kann mit einer Mitgliedschaft für ein Jahr temporärer Mitbesitzer des Baumhauses werden. Mehr Informationen dazu findet man auf der Website.

www.urban-treehouse-berlin.com

P E S

HOF

RE:

Der Stadt und dem Alltag entfliehen, noch einmal neu beginnen und das Leben genau nach seinen Vorstellungen gestalten. Das ist eine Phantasie, die wahrscheinlich vielen ab und zu durch den Kopf spukt. Das niederländische Künstlerpaar Martin Hansen und Marieken Verheyen haben diese Phantasie in Wirklichkeit verwandelt. 2012 haben sie Amsterdam verlassen und sind in die Uckermark gezogen auf einen ehemaligen Pfarrhof. In drei Jahren Arbeit haben sie aus dem heruntergekommen Anwesen einen Ort nach ihren Vorstellungen und Ansprüchen geschaffen. Back to the basics ist ihr Motto. Langfristig soll der Re:hof so weit wie möglich selbstversorgend und energieunabhängig werden. Sonnenkollektoren erwärmen schon heute die Räume und ein Pflanzenklärbeet bereitet Abwasser zu Frischwasser auf, mit dem Pflanzen gegossen werden können.

Ihren Gästen wollen sie einen Landurlaub bieten, wie sie ihn sich selber immer gewünscht, aber nur selten gefunden haben, ohne Fernseher, Internet und andere Störfaktoren. Dafür Gartenhäuser mitten in der Natur, aus deren Panoramafenstern man Rehe, Wildschweine und Füchse beobachten kann. Eine Sauna und ein Freiluft-Badezuber, von dem aus man nachts die Sterne betrachten kann, diverse Feuerstellen, sowie ein Obst- und Gemüsegarten komplettieren den Landtraum. Was braucht der Mensch mehr zum Glücklichsein?! Eigentlich nichts – doch für die Extraportion Endorphine sorgt Peter Grundmanns Architektur, die das Alte bewahrt und sanft modernisiert und gleichzeitig neue luftige Bauten entstehen lässt, die den einfachen Landurlaub auf ein luxuriöses Niveau heben.

Re:hof
Dorfstraße 23
17279 Lychen OT Rutenberg
www.rehof-rutenberg-ferienhaus-brandenburg.de
Tel: 039 888479901
Tel: 0176 7278 2774

HOUSE OF EXPERIENCE

Das House of Experience ist ein Ort, an dem wir uns und andere erleben und unsere Kreativität und die Sehnsucht nach Verbundenheit teilen können. Ein Ort, an dem wir Dinge tun, die uns abhanden gekommen sind. Ein Raum, in dem wir den Mut haben, unserer Freude und Neugier zu folgen, aufzutanken, neue Erfahrungen zuzulassen und sie miteinander zu teilen.

Ein Haus in Berlin ist in Planung.

HOUSE OF EXPERIENCE

www.houseofexperience.org

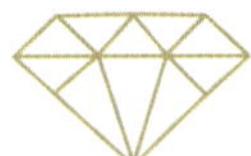

ic! ber

INTERVIEW MIT

NICO

Andrea Thilo

Nicola Bramigk

Nunni Haferbusch

Founders

Warum braucht die Welt das House of Experience?

Wir haben alle Sehnsucht nach Austausch, Inspiration und Verbundenheit. Dazu kommt der Wunsch vieler, die verlorene Verbindung zu ihrer inneren Quelle zu finden und in einem modernen Kontext die Person sein zu können, die wir wirklich sind und sein wollen. Mein Wunsch ist es, einen Ort zu schaffen, an dem das alles möglich ist.

Wie kommt man als Reisejournalistin von Smart Travelling auf die Idee?

Aus dem Wunsch heraus, Menschen das zu geben, was ich mir selber wünsche.
So habe ich als Designerin gearbeitet, das war der Impuls, vor 17 Jahren die Reiseplattform Smart Travelling zu gründen, meinen spirituellen Weg zu gehen und heute alle Erfahrungen in das House of Experience fließen zu lassen.

Wo gibt es Synergien mit Smart Travelling?

Meine Arbeit hat mein Gefühl für erfolgreiche Konzepte geschult und für die Gestaltung von Orten, die uns wirklich verzaubern, die tiefer gehen und uns berühren. Ich habe in unzählige Orte auf der Welt hineingespürt und mich dabei immer gefragt: Was macht diesen Ort besonders? Möchte ich hierher unbedingt zurückkommen? Sicherlich sind auch die vielen Erfahrungen, die ich mit neuen Food-Konzepten weltweit gemacht habe, sehr hilfreich.

„Verbunden einfach sein."

Wo wird das House of Experience entstehen?

Wir werden, bis wir einen Ort und Investoren für den Standort Berlin gefunden haben, ein House of Experience on Travel 2017 starten. Den Geist des House of Experience werden wir an ausgesuchten Smart-Travelling-Orten auf der Welt über mehrere Wochen anbieten.

Wie kann man sich diesen Ort bildlich vorstellen?

Es ist wichtig, dass der Ort zentral erreichbar ist und dass er sich gleichzeitig wie eine Oase der Kraft anfühlt. Das heißt, dass ein Transformationsprozess schon entsteht, wenn du durch die Tür kommst – wenn du durchatmen kannst und in eine geschützte und inspirierte Welt eintauchst. Der Ort wird umarmend, warm und modern sein und viel mit Brüchen spielen. Es fällt mir leicht, schöne Orte zu entwickeln und mit Farben und Materialien zu spielen.

„Es fällt mir leicht, schöne Orte zu entwickeln."

HOUSE OF EXPERIENCE ON TRAVEL

www.houseofexperience.org
Ansprechpartner:
nunni@houseofexperience.org

Die Idee entstand, als wir an besonderen Orten überall auf der Welt auf Gleichgesinnte trafen und uns darüber austauschten, wie „slow travelling" und „slow living" in der Zukunft aussehen könnten.

Wir wollen für ein paar Wochen den Raum öffnen, um unverwirklichte Ideen, die jeder von uns hat, für die uns aber Zeit und Muße fehlen, gemeinsam umzusetzen und unsere schöpferische Kraft wieder stärker fließen zu lassen. Wir wollen einen Ort schaffen, an dem sich inspirierende Menschen begegnen und ihre Fähigkeiten austauschen. Die eine möchte filmen lernen, ein anderer anfangen zu meditieren, italienisch kochen, ein neues Programm lernen, ein Instrument ausprobieren oder auch den ökologischen Gemüseanbau vertiefen. Das House-of-Experience-Team wird den Raum halten und kuratieren. Alles wird möglich, mit Hilfe aller.

„Ein neues Reiseformat für gemeinsame Erfahrungen.“

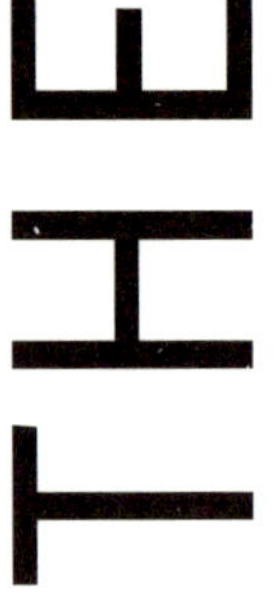

LOVERS

Yasmine Orth ist eine wahre Powerfrau. Die Halb-Inderin ist eine Macherin mit vielen Rollen: Beraterin, Yogini, Kreativdirektorin, Salondame, die wichtigste Netzwerkerin Berlins und vor allem unermüdliche Mutmacherin! Ihr 2004 gegründetes Frauennetzwerk Goerlzclub und ihre Agentur Creative Connectors hat sie 2015 zu The Lovers weiterentwickelt. Es ist das Paradebeispiel für eine aktive Community, die für ein bewusstes Leben steht, für die Liebe zum Menschen, und vor allem Frauen und Familien durch die Veranstaltungen und legendären Salons ganzheitlich unterstützt und inspiriert. Nun möchte sie auch mehr Männer ins Boot holen. Mit Leib und Seele schafft es Yasmine, mit ihren Projekten Meilensteine in den Bereichen Female Leadership, Yoga, Meditation und Coaching, soziale Nachhaltigkeit und Transformation in Beruf wie Privatleben zu setzen. Ihr „Lovers Space“ vereint Co-Working, Coaching, Pop-Up-Shops sowie eine ausgewählte Produkt-Palette. Das Verbindende ist ihre Stärke und sie beweist täglich, dass Herzlichkeit, Intuition und Professionalität keine Gegensätze sind. Eine Frau, die fasziniert!

THE LOVERS

Choriner Straße 20
10435 Berlin Prenzlauer Berg
www.the-lovers.net
Tel: 030 692037130

the
lovers
active community for a conscious life
the lovers space
EVENTS · POP UPS · COWORKING · COACHING
NÄCHSTE EVENTS & ANGEBOTE:
THE LOVERS FÖRDERT FRAUEN, FAMILIEN, GESUNDHEIT, AKTIVISMUS & BALANCE IN BUSINESS

The Lovers / Founder

INTERVIEW MIT YASMINE ORTH

Choriner Straße 20

Wie ist aus dem Goerlzclub The Lovers entstanden?

Nachdem ich 2010 Mutter geworden bin, habe ich mich selbst nicht mehr wirklich als „Goerl" gefühlt und es war einfach Zeit für das nächste Level. Daher steht The Lovers nicht nur für die Liebe zum Leben, sondern „Die Liebenden" aus dem Tarot-Kartenspiel symbolisieren auch die harmonische Vereinigung von Frauen und Männern oder weiblichen & männlichen Prinzipien in jeder/m von uns. Dafür steht auch unser Logo, der Diamant mit den beiden Dreiecken, das Herz-Chakra, wo alles zusammenkommt.

Was ist Deine Mission?

Generell geht es mir darum, ein Social Business mit Agentur und Verein aufzubauen, das sinnstiftende Strategien verfolgt, vor allem sozial nachhaltig arbeitet und wirtschaftlich stabil in einem gesunden Kreislauf funktioniert. Meine größte Qualität ist sicher, ganzheitlich Menschen, Themen sowie Projekte zusammenzubringen und komplexe Sachverhalte in Geschichten zu verpacken, um einen Bewusstseinswandel in dieser neuen Zeit voranzutreiben. Ganz maßgeblich dafür ist das Empowerment und die Wertschätzung der weiblichen Qualitäten, der Kinder und älteren Menschen, aber vor allem die einzigartige Entwicklung unseres Potentials und die Möglichkeit, dadurch mehr ins Handeln zu kommen. Wir bieten daher in unserer Lovers Academy Retreats, Workshops und Salons mit Coaching, Yoga und Meditation für Privatpersonen und Unternehmen an – für uns wesentliche Tools, um in Balance, Achtsamkeit, Frieden und Mitgefühl zu kommen. Der Verein baut soziale Initiativen auf und die Agentur berät Marken und Firmen.

Als alleinerziehende Mutter bist Du ja das beste Beispiel für eine Mutmacherin. Wer sind denn die anderen Lovers?

Auch Mutmacherinnen. Wir sind eine ganze Reihe von Coaches, Yogalehrerinnen, Idealistinnen, Entrepreneurinnen und vor allem Macherinnen. Sicher, viele sind auch alleinerziehend und durch eine bestimmte Schule des Lebens gegangen, nach der klar war: Gemeinsam kommt man viel weiter. Seit 2004 war unser Credo „Miteinander statt nebeneinander" und so möchten wir auch weiterhin diese Herausforderungen nicht nur für uns persönlich lösen, sondern gesellschaftliche Strukturen zum Positiven verändern.

Inwieweit spielt das Thema Conscious eine Rolle bei The Lovers?

Wir haben viele Formate, in denen es klar um die innere Arbeit und eigene Ressourcen geht, um Slow-Living und auch bewussten Konsum auf allen Ebenen. Wenn wir uns dieser Arbeit nicht widmen und nicht zum eigenen Beobachter unseres Tuns werden, handeln wir im Außen eigentlich immer nach unbewussten Glaubenssätzen, von denen uns manche leider oft nicht dienlich sind und persönliche Krisen verursachen können, ob gesundheitlich, beruflich oder familiär. Auf unseren Events schaffen wir Raum zur Reflektion und Inspiration durch die gemeinsame Erfahrung. Wer weiter gehen will, den nehmen wir mit.

Was hat es mit Euren Retreats auf sich?

Seit 2016 sind neben unseren Yoga & Meditationsworkshops für Frauen & Männer in der Stadt auch „Conscious Living" Retreats in der Natur ein fester Bestandteil. Hier dreht sich alles um holistische Themen in schnelllebigen Zeiten. Durch die Integration von gesunder Ernährung, verschiedenen Yogastilen, den Jahreszeiten, kraftvollen Orten, Naturelementen und Tools wie Yoga und achtsamkeitsbasiertes Bogenschießen, aber auch Coaching-Workshops möchten wir eine Balance in Privatleben, Familie und Business bringen. Seit 2017 gibt es auch Female Empowerment- und Leadership-Retreats.

„Meine größte Qualität ist sicher, ganzheitlich Menschen, Themen und Projekte zusammenzubringen.“

F E S T I

Berlin, die Stadt der kreativen Köpfe, ein Ort im Wandel, der sich ständig neu definiert und wächst. An jeder Ecke poppen neue Ideen und Träume auf – spannend, inspirierend, und manchmal weiß man gar nicht, wo man zuerst hinschauen soll. Umso schöner, dass es Festivals gibt, die sowohl Wege des Eskapismus sind, zur Ruhe kommen lassen und als Energietankstellen agieren, aber auch als Plattform des Austausches sowie der Inspiration dienen!
Vier Festivals, die eine Hommage an das Berliner Leben sind:

AGAPE ZOE

Das Zusammenkommen in der kraftvollen Oase der Eden Studios ist mehr als „nur" ein Yogafestival. Es wird zum Erlebnis für Körper, Geist und Seele. Zwei Tage lang stellen Yoga, Healing Arts und Mindfulness den Menschen mit all seinen Gefühlen und Bedürfnissen in den Mittelpunkt. Das Programm bietet ein wenig für den Kopf, viel fürs Herz und eine ganze Menge für das Erleben mit allen Sinnen. Auf fünf verschiedenen Floors wartet ein Kaleidoskop aus Yoga & Meditation, Bodywork & Massage, Healing & Breathwork, Dance & Movement, The Good Life & Bazaar und Storytellers & Self. Dabei geben Healing Artists wie Meditationsgurus, Yogis und Ostheopathen Einblicke in jahrhundertealte und zeitgemäß aufbereitete Heilkünste. Die Crème de la Crème des Festivals sind allerdings unvergessliche Highlights wie die „Four Hands Hawaiian Massage" der Lomi Lomi Sisters oder die Cacao Meditation der Festival-Gründerin Serap Kara.

www.healingberlin.com

VALS

SECRET FESTIVAL

An einem geheimen und ungewöhnlich naturbelassenen Ort vor den Toren Berlins ist das Secret Festival zu Hause. Das Konzept: alles anders. Inmitten von Wasser, Wald und Wiese tauchen die Besucher drei Tage lang in eine paradiesische Parallelwelt ein, eine Symbiose aus Musik, Kulinarik, Kunst und Sport. Umgeben von Tipi-Zelten, Hausbooten und in den Bäumen hängenden Konkons lädt das Festival zum Genießen und Erholen ein. Ob bei einem Pop-Up-Dinner am Flussufer, beim Morgen-Yoga, im Food-Village, bei einem der Hula-Hoop oder Stand-up-Paddel-Workshops oder bei dem vielfältigen musikalischen Line Up – von Indie, Jazz, Hip-Hop bis zu kleinen Kammerorchestern, die auf Lichtungen im Wald auftreten –, hier scheint drei Tage lang ein magischer Zauber in der Luft zu liegen. Aber: Pssst secret!

www.facebook.com/secretsfestival

FOREVER NOW

Das Forever Now hat es sich zur Aufgabe gemacht, Transformationsprozesse sichtbar zu machen. Ein Konzept, das sich mit der Frage auseinandersetzt, was unser Leben heute und morgen ausmacht, den holistisch geprägten Lifestyle rund um Yoga, Spiritualität und Community mit intellektuellen Stimuli versetzt und gesellschaftliche Transformation anstößt. Jeder der vier Festivaltage beginnt mit morgendlichem Yoga, darauf folgen spannende Vorträge und Workshops zu gesellschaftlich relevanten Themen wie Female Leadership oder Flüchtlinge, in denen neue Ideen diskutiert und entwickelt werden. Anschließend hallen die Gedanken des Tages bei Streetfood à la Neue Heimat und Konzerten von Patrice bis spät in die Nacht nach. Kurz und knapp: vier Tage Yoga, Input, Output, Kunst, Musik, Streetfood, Party!

www.facebook.com/forevernowfestival

FESTI

FOOD WEEK

BERLIN

Keine Frage, Berlin spielt in der ersten Liga, wenn es um gastronomische Vielfalt, spannende Food-Konzepte und Innovation rund um Tischkultur oder authentische Geschmackserlebnisse geht. Alexander van Hessen und Sandro von Czapiewski bringen im Rahmen der Berliner Food Week die kulinarischen Highlights und gastronomischen Sternchen der Hauptstadt an einen Tisch. Eine Woche lang dreht sich alles um regionale und internationale Küche, Ernährungsbewusstsein, Genuss, Nachhaltigkeit und Konsum – kontrovers, stilvoll und mit dem Fokus auf Qualität. Das House of Food, als Herzstück der Berliner Food Week, wird zur Plattform für die aktuellen Trends aus der pulsierenden Foodszene, steckt voll neuer (Geschmacks-)Erlebnisse und verwandelt die ganze Stadt in ein wahres Paradies für Foodies, Profis, Genießer und Hobbyköche. So schmeckt Berlin!

www.berlinfoodweek.de

V A L S

THE GREEN MARKET

Wie facettenreich der vegane Lifestyle heute ist, zeigt The Green Market viermal im Jahr an einem der Szene-Orte von Berlin. Ob Spring, Summer, Autumn oder Winter Edition, die Mischung aus Street Food, Boutique Market mit urbanem Flair, Kunst- und Kreativmeile sowie Workshops mit familiärer Atmosphäre machen den Markt zu dem, was er ist. Die Herzensangelegenheit der Initiatorin ist es, eine Community für gesundheitsbewusste Foodies sowie eine Plattform für die unbekannten Helden der veganen Szene zu schaffen. Ein tolles Konzept, das zum Umdenken anregt ohne den Zeigefinger zu erheben. Wer einmal über den Green Market geschlendert ist, wird schnell merken, dass der vegane Lifestyle nicht gleich Verzicht auf Genuss bedeutet. Schließlich katapultieren die Raw-Wraps, die Matcha-Donuts und die Avocado-Limetten-Kokos-Eiscreme wohl jeden in den 7. Foodie-Himmel.

www.greenmarketberlin.com

DAS FEINSTE VOM LIEBSTEN

Entdecken Sie auch die 99 feinsten kulinarischen Orte der schönsten Städte und Regionen der Welt.

ISBN: 978-3-86497-344-4
320 Seiten, Hardcover
19,90 € (D) / 20,50 € (A)

Erhältlich im Buchhandel und unter sz-shop.de

Deutschland // München // Restaurant — Seite // 35

"Der Kaisergarten macht einfach jeden glücklich!"

KAISERGARTEN

Dieses Schnitzel werden Sie nie
und gleichzeitig saftig. Der Koch
wettbewerb gewonnen. Anschlie
lassen, auch der ist unvergesslic
Apfelmus im Weckglas. Alles in
im Kaisergarten – einem lichtdu
mitten in Schwabing. Im Somme
Kastanien sitzen, da schmeckt d
mal besser. Der Service ist gut g
bination, die sich auch in dem g
knackevoll, mittags kann man a
ältere Dame aus der Nachbarsch
Der Kaisergarten macht einfach

Kaisergarten – Kaiserstraße 34 –
T: +49 (0)89 34020203 – www.k

"Das Jagdgasthaus Egender hat die besten und noch dazu am schönsten präsentiertesten Käsknöpfle vom Bodensee."

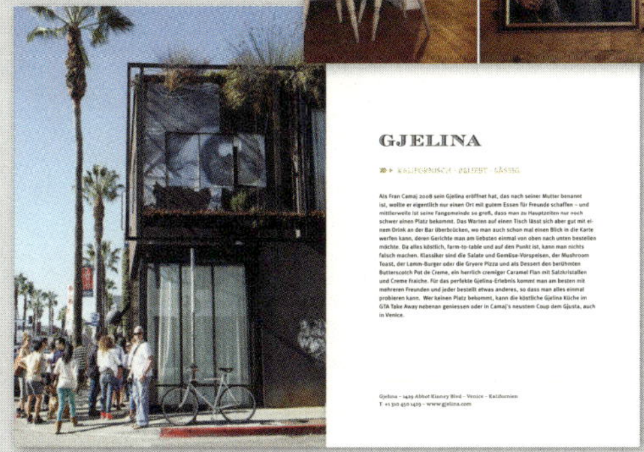

GJELINA

Als Fran Camaj 2008 sein Gjelina eröffnet hat, das nach seiner Mutter benannt ist, wollte er eigentlich nur einen Ort mit gutem Essen für Freunde schaffen – und mittlerweile ist seine Fangemeinde so groß, dass man zu Hauptzeiten nur noch schwer einen Platz bekommt. Das Warten auf einen Tisch lässt sich aber gut mit einem Drink an der Bar überbrücken, wo man auch schon mal einen Blick in die Karte werfen kann, deren Gerichte man am liebsten einmal von oben nach unten bestellen möchte. Da alles köstlich, farm-to-table und auf den Punkt ist, kann man nichts falsch machen. Klassiker sind die Salate und Gemüse-Vorspeisen, der Mushroom Toast, der Lamm-Burger oder die Gryere Pizza und als Dessert den berühmten Butterscotch Pot de Creme, ein herrlich cremiger Caramel Flan mit Salzkristallen und Creme Fraiche. Für das perfekte Gjelina-Erlebnis kommt man am besten mit mehreren Freunden und jeder bestellt etwas anderes, so dass man alles einmal probieren kann. Wer keinen Platz bekommt, kann die köstliche Gjelina Küche im GTA Take Away nebenan geniessen oder in Camaj's neustem Coup dem Gjusta, auch in Venice.

Gjelina – 1429 Abbot Kinney Blvd – Venice – Kalifornien
T: +1 310 450 1429 – www.gjelina.com

DAS FEINSTE VOM LIEBSTEN

Entdecken Sie auch die
66 feinsten Wohlfühl-Oasen
der schönsten Städte und
Regionen der Welt.

ISBN: 978-3-86497-343-7
288 Seiten, Hardcover
19,90 € (D) / 20,50 € (A)

Erhältlich im Buchhandel und unter sz-shop.de

Griechenland // Kreta   Seite // 79

VILLA ATHERMIGO

VERSTECKT · CHA

In einer 250 Jahre alten Ölmühle erwartet Sie das absolute Erholungsparadies.

THE SOHO HOTEL

BIG · BOLD · BEAUTIFUL

Nördlich vom Piccadilly Circus beginnt ein kleines Gewirr von Straßen, das mehr Songs, Skandale, Filme, Bücher und Ideen hervorgebracht hat als irgendeine andere Quadratmeile auf der Welt. Soho. Mit seinen Bars, Restaurants, Theatern und dem ein oder anderen übrig gebliebenen Stripteaselokal gehört es seit jeher zu den nachtaktivsten Gegenden Londons. Nur stilvoll schlafen konnte man hier lange nicht. Das hat sich mit dem The Soho Hotel geändert. Wie ein großer moderner Luxusdampfer liegt es in einer kleinen ruhigen Seitenstraße. Seine Vergangenheit als Parkhaus ist ihm nicht mehr anzusehen. Designerin Kit Kemp hat das Interieur unkonventionell und bunt inszeniert. Hier verschmelzen Spaß, Entertainment und Tradition. Unnötig zu erwähnen, dass in den großzügigen Zimmern mit extrabreiten komfortablen Betten jedes Detail stimmt. Zuvorkommendes Personal in dunkelgrauen Mark-Powell-Maßanzügen, gemütliche Salons mit bequemen Sofas, offenen Kaminen und eine lange glamouröse Bar machen es zum Prototyp des modernen, lässigen Grand Hotels.

The Soho Hotel – 4 Richmond Mews – London-Soho
T: +44 (0)20 7559 3000 – www.firmdale.com

© Süddeutsche Zeitung GmbH, München
für die Süddeutsche Zeitung Edition
in Kooperation mit smart-travelling print UG, Berlin

Konzept und Redaktion: Nancy Bachmann, Nicola Bramigk
Projektleitung: Sabine Sternagel, Till Brömer
Produktmanagement: Jasmin Seitner
Texte: Nancy Bachmann, Julia Bähr, Nicola Bramigk,
Karolin Langfeldt
Lektorat: Jens Markowsky, Jasmin Seitner

Fotos: Nicola Bramigk
Pressefotos: ©Kaffeeform (S. 92–93), ©Grit Siwonia (S. 56–61),
© Dan Zoubek (S.125), © Panch Nishan (S.149)

Grafikkonzept und Gestaltung: Florentin Aisslinger
Covergestaltung: Florentin Aisslinger

Produktion: Jünger + Michel, Berlin
Herstellung: Thekla Licht, Hermann Weixler
Druck und Bindung: CPI BOOKS GmbH, Ulm
Printed in Germany

ISBN: 978-3-86497-368-0
1. Auflage 2017

DAS WELTWEIT BESTE?

LUST AUF

Die Buchreihen „Ein perfektes Wochenende …“ und „Eine perfekte Woche …“ werden vom Online-Travelguide www.smart-travelling.net in Kooperation mit Süddeutsche Zeitung Edition herausgegeben.

AUF SMART-TRAVELLING.NET GIBT ES:

Handverlesene und aktuelle Tipps und Adressen für über 60 Städte und Regionen

Blog mit kulinarischen Highlights und spannenden Interviews

Direkte Buchungsmöglichkeit von Hotels

REISEN SIE MIT UNS UM DIE WELT!

 facebook.com/smarttravelling

 instagram.com/smarttravelling